看取りはいのり

——私たちの夢の続き——

一般社団法人日本看取り士会 会長
柴田 久美子 編著

あうん社

はじめに

２０１７年９月10日『マザーテレサ夢の祈り』を発売しました。

そして、２０２３年９月第二弾として本作品『看取りはいのり』を皆様にご披露いたします。

２０１７年看取り士は２７５名、無償ボランティアエンゼルチームは３０４支部でした。２０２３年には看取り士２２４０名、エンゼルチームは２２６９支部になりました。

この数は、看取り学を学び、看取り士として看取りの実践、周知してくださった皆様お一人お一人の努力と、応援してくださる方々の真心と感じる日々です。

38歳のある夜「愛という2文字が生きる意味」という言葉が頭に浮かびました。

この言葉は、後にフェリシモの前会長矢崎勝彦先生からマザーテレサが汽車の中で聞いた言葉と同じだと教えて頂きました。

この声を聞いた翌日から私は介護の世界に入りました。そんな中でマザーテレサのこんな言葉に出会いました。

「人生のたとえ99％が不幸だとしても、最後の1％が幸せならば、その人の人生は幸せなものに変わる」

私はクリスチャンではないのですが、この言葉に残りの人生を賭けてみようと決意しました。

大勢の方々とのご縁をいただき、命を預かりながら、その方々の最期に臨み、無力な自分を知ることとなりました。どんなにご本人が望んでも病院へと最後は搬送される。その現実に心を痛める事となったのです。

そんな折、私は病院のない離島へと導かれました

病院のないこの離島では自宅で自然死を迎える事は当たり前の事でした。島では最期、ご自分が望んだ尊厳のある死を目の当たりにする事が出来、最期まで尊厳のある人生はとても幸せな事である、と見せていただきました。

50歳の時、看取りの家を開所しました。この腕の中に抱きしめながら、最後の呼吸を見届け、温もりのある間は抱き続ける事を信条としました。

この信条を胸に看取りを積み重ねていくうちに、私はたくさんの愛を旅立つ方々から教えていただきました。エネルギーを渡すというプラスの死生観を教えて頂いたのです。

その後、本土に渡り、自ら看取り士と名乗り日本看取り士会を設立しました。

私たちの夢は「全ての人が最期愛されていると感じて旅立てる社会を創る事」

この夢は私が敬愛するマザーテレサの果たせなかった夢の続きです。

この著書を読まれた皆様が私たちの熱い情熱を感じ、この活動に応援のエールを送っていただきたい。

そんな思いで書かせていただきました。

心からの深い感謝と祈りを込めて

看取り士　柴田久美子

看取りはいのり　私たちの夢の続き――　もくじ

写真（P7～8の３点）提供：荻野　薫さん

だれもが向き合うべき大切なこと

いなます　みかこ

いなます　みかこ
東京都在住。
一般財団法人 One Drop Ocean 財団　代表理事
国内の大学院（ビジネススクール）経営学教授、および民間企業の社外取締役、コンサルティング・フェローを兼任。
学び（教育・学習）を通して、人生の選択肢を増やすソーシャル活動を展開。新興国における学校建設、奨学金プロジェクトなど。
著書『伝えるための３つの習慣』　ほか共著多数
翻訳書『マザーテレサ日々のことば』

だれもが向き合うべき大切なこと。

それが「看取り」です。

なぜなら、《必ず》《だれにでも》最期のときは訪れるからです。

＊大切なだれかを看取るとき

＊だれかがあなたを看取るとき

そんな大切なときを、なんの心構えもなく迎えるのでしょうか。

カリガート～死を待つ人の家

私が初めて、コルカタ（インド）にあるカリガートという施設でボランティアをしたのは1998年のことです。1952年、42才のマザーテレサがこの施設を開設し、半世紀を経た21世紀になってもボランティアが世界中からひっきりなしに集う不思議な場所です。

カリガートは、マザーテレサに関するビデオや写真集・書籍で見慣れている施設・シーンでした。しかし、階段を上がってその建物の中に一歩足を踏み入れたときの五感を通して得られる「独特のにおい」「喧噪の中の静けさ」「穏やかな空気感」は決して忘れられません。

やわらかな膜をまとっているような、それでいて半径3メートルに対する鋭敏な感覚が今もよみがえります。

施設内は、右側に女性50名、左側に男性50名が横になることができる構造です。

コルカタのマザー本部の入り口にあるマリア像

中央部分には、洗濯や食器の洗い物をする場所があり、その奥には路上から運び込んだ方の髪や体にこびりついた汚れを洗うタイル張りの空間があります。

ここは、英国のジャーナリストによって「死を待つ人の家」として世界に紹介されました。最も簡素な究極のホスピスです。道端や溝で倒れている人を見つけて車で運びこみ、治療をすれば助かる人は病院へ送ります。ここは「死を待つ人」の最期の時、家族や社会から拒絶された人であっても、おだやかに看取られるための家（ホーム）なのです。治療はしない、まさに自然死・尊厳死の原型です。

私もここで、命が旅立っていく、お引越しをしていくときをともに過ごしました。石の床に布を敷いたところに横たえて、お水を口にスプーンでゆっくりと運んだり、唇を水でぬらしたり、手を握ったり。ベンガル語はわかりません。何か言いたいようでしたら、シスターや地元のメンバーを呼びます。でも、もう言葉を発する力はない状態。息を合わせることくらいしかできません。さすったり、目を合わせたり。あとは、静かな祈り。

誰にも看取られず、道端でなくなる人が珍しくない土地柄です。どんな人でも最期のときに、人間らしく人生の幕を閉じることができる場所。それが「死を待つ人の家」です。悲壮感はありません。ただ淡々と、生きていること、旅立つこと、を受け容れています。

１９９７年9月5日、マザーテレサ昇天のニュースを知り、翌春のイースターにはコルカタを訪れなくては、と心に決めました。以来、4～5年ごとに一人で、または会社の仲間たちとともにカリガートでの時間を過ごしました。行くたびに、路上で生活している家族が減っていくコルカタの街。ずいぶんと様変わりしていますが、貧困や差別は根深く存在しています。

マザーテレサとその活動について、近年ネガティブな風評があります。またマザーテレサの望まない行為（養子縁組の悪用）が実際に起きてしまったという残念なこともあるようです。しかし、看取ってもらう相手も場所もない「The Poorest of the Poor（貧しき中の最も貧しき者）」に対して、人として尊厳のある最期を過ごしていただく場を粛々と半世紀以上変わらず営んでいる関係者の皆さまには頭が下がるばかりです。

マザーがいつも祈られていた場所に置かれた御像

パストラル・ケア

ＷＨＯは、緩和ケアについて「身体的、心理的、社会的、または霊的な側面を含めて、生命を脅かす疾患がもたらす困難を抱える患者とその家族の生活の質を改善します。そして介護者のＱＯＬも改善します」と定義しています。

欧米の主要な病院では、パストラル・ケアを担当する専門家（チャプレン）を置いています。パストラルとは、もともとの「パスター（パストル）＝羊飼い」からもわかるように、キリスト教圏でよくみられるシステムです。患者さんの痛みには、身体的、社会的、心理的、そして霊的なものがあり、それぞれにケアをする専門家が求められます。パストラル・ケアはスピリチュアル・ケアと重なり、霊的な魂の痛みに対してそれをいやすことを目的とします。

カリガートから戻った私は、仕事の傍らパストラル・ケアの勉強をし、聖母病院などで研修を体験いたしました。日本ではまだ公的資格はないですが、任意団体が独自の教育システムで興味のある方々を対象に地道な育成活動を続けていらっしゃいます。

そんな中で、幸齢者さまとくに認知症の幸齢者さまに対して、誰もが基本を習得するべきだと思う「ユマニチュード」にも出会いました。「見る」「話す」「触れる」「立つ」の４つを柱として、人間らしさを尊重するコミュニケーション。４つの行為の根底には「人間性回復」の哲学があり、だからこそ目の合わせ方、話し方、触れ方、立っていただく方法のそれぞれに、相手の尊厳を意識したアクションになっているかどうか、が問われるのです。

こうした研修やボランティア体験は、私の仕事にもよい影響を与えます。それまでいかに、自分中心でものを見ていたのか、自分軸の対話をしていたのか、といったことに気づかされました。誰かと向き合う際に、目の前の相手の成長や幸せや可能性を高めたいと思ってコミュニケーションしているだろうか。客観的に自分の行動を振り返ると、人と対話する際の目的が根本的に違っていたのだということに気がつきました。

終末期という繊細で敏感で、通常の社会人生活とは異なる環境にいらっしゃる患者さまと接する経験をとおして、もしかしてこちらが正しい対話・交流なのではないか、と思いました。

本来、だれに対してもどんな時でも、相手の人間性に興味をもって、相手らしさを尊重する対話によって、「あなたは大切な存在」という尊厳を感じていただくコミュニケーション。これをお互いにすることができたら、どんなにすばらしいチーム・組織が出来上がることでしょう。ビジネスの世界でこそ、軽視してはいけない「人の道としての原理原則」であり、21世紀のビジネス界のコミュニケーションは変わらなくてはいけない、と痛感しました。

そして同時に、日本における「死を待つ人の家」の必要性と実現性を考えていました。

「ありがとう」は祈りのことば

柴田会長との出会いは、会うべくして会った、と感じさせる筋書きでした。

ご縁は、お互いに「書籍」だったのです。

タイトルに惹かれて手に取ったのが、柴田会長の「ありがとうは祈りの言葉」（佼成出版社、２００４年）でした。マザーテレサがコルカタに開いた〝死を待つ人の家〟を独自のスタイルで、日本国内それも知夫里島にて実践しているという事実に衝撃をうけました。

私の会社は、年に２～４冊のビジネス書を、複数メンバーの分筆で書き上げ出版しています。そこで当時企画していた本の担当章の中で、右の本を読んでいた私は柴田会長の生き方を一つのロールモデルとして紹介したのです。まさか、その十数年後にご本人にお会いできるとは想像もしていませんでした。

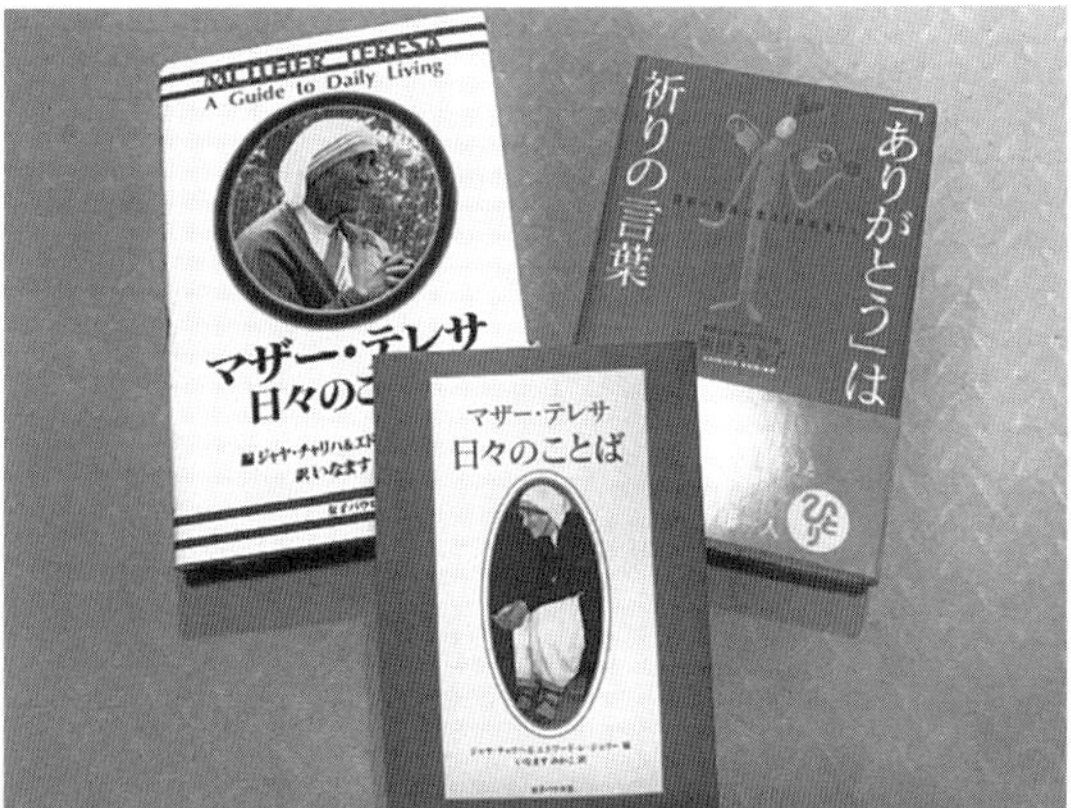

柴田会長と私の出会いの本

そして一方、柴田会長は私が１９９９年に出版した「マザーテレサ日々のことば」（女子パウロ会）という本をもっていらしたということを、後々知ることになり，二重の驚きだったわけです。本当に不思議な、そして大変ありがたいご縁となりました。
しかしなぜ、私が柴田会長のことを思い出し、ネット検索して看取り士会のことを知ったのか？次にお話する出来事がなければ、このご縁はつむがれることはなかったでしょう。

無知は罪

人工呼吸器、胃ろう、酸素吸入器、尿道カテーテル、中心静脈栄養の点滴……。延命治療の範囲、何が延命処置なのか、ということを知らない方、いらっしゃいませんか？

私は、自分の父と母の看取りの際にまったく準備ができておらず、〝無知は罪〟であることを痛感し自分の甘さを心から恥じ、慚愧《ざんき》の念を抱いておりました。2016年の母の死のあと、「あの方はいま？」と柴田久美子さんのことをネット検索しました。すると、本土に戻り「日本看取り士会」という実に挑戦的な活動をスタートされていることを知り、初級から学びを深めていきました。つまり母の死が一年後看取り士になることへの導きとなったのです。

母は生前、尊厳死協会のカードをもっており、チューブにつながれるような姿にはなりたくないとたびたび言っておりました。食が細くなり自力できれいに枯れていっていた身体だったにもかかわらず、私の無知な判断で中心静脈栄養の処置を許諾してしまいました。また一歩一歩ゆっくりと自分の足で歩いておトイレへ行けていたのに、それも尿道カテーテルとおむつにされてしまい、本当に無念の二か月を過ごさせてしまうことに……。

そして生きる気力をなくして旅立ってしまいました。


あんな病院からは一刻も早く退院させるべきでした。一か月も引き留められ、やっと自宅へ戻ってきても病院と同じカテーテルつけっぱなしの状態で在宅看護することが当然という姿勢で退院プロセスを進められてしまいました。

そして、パストラル・ケア／ユマニチュードの意味すら分かっていない在宅訪問医と訪問看護師が来る日々。今にして思えば、元通りにすべて外すべきでした。つまり、私たち家族もまったくわかっていなかったのです。

医療の常識／思い込み

いったい何が、患者／幸齢者のためなのでしょうか。

医療とは何なのか、なぜ不要なことをするのか。一例をあげると、尿道カテーテル再挿入の際に、若い訪問看護師が何度も挿入に失敗し、日ごろとても冷静で我慢強い母が、

「患者が嫌だ、もういい、と言っているのです！　もうやめてください！」

と泣いてお願いしていたといいます。

激しい痛みを感じる状態で尿道にカテーテル（管）を再挿入された母は、子どものように涙を流し、ぐったりとしあきらめきっていたのです。そしてそのときに、挿入部から菌が入り翌日からたんが絡み出し呼吸がつらくなり、尿が濁りだし、状態が急変していきます。息ができなくなり、苦しそうでした。恐れていた肺炎になってしまったのです。

自宅でゆっくりと回復を、と思っていた私たち家族は急転直下の展開に呆然としました。

そして、母が亡くなった次の日に、アマゾンから5冊の書籍が届きました。終末医療の本です。なにかがおかしい、しっかり学ばなきゃ、と私が連休中に購入していたのです。

本を読みながら、胸が重く重く重くなり、食道に石が詰まっているように感じたのを覚えています。自分を赦せない、と思ったのは後にも先にもあの時だけです。浅はかにも延命治療ではないと思っていたことの多くが、本当は避けたかった延命の処置だったのです。

「なんでかなー？　なんで退院したいかなー？　入院の方が安心でしょー」

自分たちは正しいことをしているという視点でしか状況が見えていない担当医と看護師の方々は、90才になった母にとって

『治療は拷問、介護は虐待』となる可能性をまったく想像すらしていないのだ、と病院への絶望感を抱きました。

グリーフ・ケア

母の最期は、自宅で3人の子供たち、その孫たち、家族全員に囲まれて旅立ちました。しかし最期の日々を振り返ると、母は一人で旅立ったのです。一人で覚悟を決めていました。自分の旅立つ日も決めていたと思います。ゴールデンウィークの最後の土曜日。子供たちの月曜日から始まる忙しい日々を考えれば、ここがベストなタイミングだったのです。

意識がはっきりしている金曜日の夜、外出から帰ってきた私をベット脇によんで、横たわりながら一緒に悪者をやっつけるアクションをするようにいいました。なんだかわからなかったですが、一緒にゴロンと回ってグーを出して見えない敵をやっつける動きを繰り返すのです。3・4回繰り返したら、安心したように「これで大丈夫」といって静かになりました。そして土曜日の夜八時に息を引き取りました。

水曜日に一度危篤状態になったとき、ベッド脇の私にハッキリとこういいました。

「立ち上がりなさい。みんな立ちあがりなさい。……お別れよ、さようなら」

なんと毅然とした態度。私は残りの人生で、何に対して立ち上がるのだろう。今もずっと考え続けています。そして訪問医の電話の指示で酸素濃度を上げたところ、唇に色が戻ってきたのです。そして戻ってきた母が口にしたのは、

「もうめんどくさいのよ!」

あの時に逝かせてあげるべきだったのではないか。残りのつらく苦しい3日間を過ごさなくもよかったのではないか。あれは私たち家族のエゴだったのではないか。今は感謝の祈りに変わりましたが、当時は手を合わせては、「ごめんなさい(涙)」しか言えませんでした。


唯一の救いは、父にも母にも「お迎え」があったことです。

父は、なくなる前日のまだ意識が混濁する前に「朝、夢にみんな出てきてくれた」と兄に語ったそうです。誤嚥性肺炎で夜から意思表示はできない状態になった父の耳元で、〝うさぎお〜いし♪〞の「ふるさと」を口ずさんで、「ありがとう」とつぶやき続けていたら、父のむくんで腫れあがった目から涙がつっーと流れたのを覚えています。

母も、なくなる2週間前に自宅で庭を見ていたら自分のお母さんと、先に亡くなった私の父が

ベッド脇に迎えにあらわれた、と言っていました。でも、「まだもう少しね」と言ったら消えていったようです。

わたしにとっては、お迎えが来てくださったこと、おそらく最期のときにも見守っていっしょにいてくださったことを願い、感謝の祈りをすることがせめてもの慰めです。

胎内内観〜看取り士としての基礎

母の死から一年後。五月の連休に岡山で過ごした看取り士養成講座の六日間はとても貴重な時間でした。父のこと、母のこと、自分のこと、過去から現在、そして未来へ。

初めてのカリガートから数年たった夏休みに、7泊8日の大接心（坐禅）を体験しました。その時も、自分の内側の毒気が出ていっている感覚を持ったのですが、岡山での胎内内観ではずっと自分の息に意識を集中していました。可能な限り邪気を吐き出して、聖気を吸い込んで胎内に送り込むことを意識して呼吸をしていました。おかげさまで呼吸によって父と母との切れることのないつながりをイメージすることができました。

柴田会長が最後に「この養成講座は漢方薬のようなものです」とおっしゃっていましたが、たしかに6年たった今でも大切な呼吸を続けています。窓も汚れないよう磨いています。ただ看取り士としての実質的な働きは、何もできていません。訪問ステーションを立ち上げたり、看取りの現場で幸齢者さまとそのご家族を支えるといった活動とは無縁の日々を過ごしています。しかしながら、そんな私でもお役に立てることがあれば、という想いは強いです。

今の状況で貢献できることは、「看取り士」というプロフェッショナルな職種を一人でも多くの方に知っていただき、在宅での看取りへの理解を広める力になりたい、と願っております。

日本看取り学会　全国フォーラム

実質的な活動でお役に立っていない私ですが、毎年少しだけ貢献させていただいていることがあります。それは、9月恒例開催の全国フォーラムにおけるシンポジウムの座長役です。

「あなたは誰に看取られたいですか?」

ある年のシンポジウムのテーマです。この問いを投げかけられたときなんとお答えになるのでしょう。「伴侶」「子供たち」「家族」「親しい友人たち」「信頼でき

私が岡山研修所で受講した養成講座の修了式にて

る仲間たち」……。

それとも、「お医者さま」「看護師さん」「ケアワーカーさん」「看取り士さん」と答えますでしょうか。もしも自分が闘病していたり、被介護状態であれば、医療&看護・介護関係者の方々が「親しく信頼できる仲間たち」になっているといいですね。

どんな状態で死を迎えるかは誰にもわかりません。明日交通事故にあうかもしれません。見知らぬ人に看取られる可能性もあります。または看取りとはいえない状況のまま、あっという間に最期を迎えるかもしれません。そのときをおそれることのない平安な自分でありたいですし、そうである準備のために呼吸を整えることを意識していたいです。

ただ一つだけ希望というか〝きっとそうなる〟、と思っていることがあります。

それは、母や父を含めGodfather、Godmother、そしてご縁のあった大切な方々がお迎えにき

2019年の全国セミナーのシンポジウム

てくださるということです。また会えるときをとても楽しみに、そのとき恥ずかしくない自分でいられるように、今を生きていたいと思っています。

個人的に大事にしている善なるエネルギーとは〝信頼・感謝・尊重〟の3つです。自分なりにはできる限り実践してきているつもりです。なにがあっても〝信頼・感謝・尊重〟という態度&対応を選べる自分でありますように。

この習慣化によって、最期のときにも3つのエネルギーをまき散らして少しは世の中のお役にたつことができるのではないか。最期はそんな存在でありたいです。

死生観〜つながる

死は〝お引越し〟だと思っています。

また次なる存在に乗り替わるのでしょう。これまでも自分はそうしてここまで来たのですから、せっかくのプラスのエネルギーを増大させてつないでいけるようにしたいと考えます。すべての命に意味があり、使命があると思っていますから、その意味を自分なりに全うして次なる存在へとお引越しできるように今に感謝して生きていくことを、ただ続けていきます。

最後の旅立ちの時にもっとも大切なのは、尊厳です。

あらゆることを、これまでの人生と同じようにできる範囲で本人が選択する権利を有していること。立つ、歩く、食べる、飲む、話す、見る、休む、起きる、治療する、洗う、排泄する……そして、生きる。

本人がどうしたいのか。考えることができる状況なのであればその意志を大切に。

＊一人ひとりの生きる尊厳

＊一つひとつの命の希少性

を受け容れて看取りを支えることができれば、満たされた旅立ちになると思います。旅立ちのその時、自分の人生・いのちに感謝できるかどうか、が大切だと思っています。父と母の最期をそのようなときにすることができなかったことが、人生で最も悔やまれることです。

看取りへの〝無知〟を少しでも減らしていくことができれば、と願っております。

母なるもの——無条件の愛

津山真知子

つやま　まちこ
日本看取り士会　認定看取り士
1953年北海道出身　札幌市在住
看護師・助産師・保健師の資格取得
病院保健師として、乳児保健指導・訪問にあたるが6年勤めた職場を離れ専業主婦となる。1男1女4人家族
現在看取りステーション札幌「虹音（れのん）」／札幌和泉研修室の代表を務め「看取り学」「看取り士養成講座」の講師として活躍中
macocoro88@gmail.com

あの世の息子からのメッセージ

日本は長寿国世界第1位といわれていますが、死の質においては世界第14位です。死は怖いもの、忌むべきものという従来の「死の文化」を変えなければ、このギャップは埋まらないでしょう。死の価値観はそのままに、次世代に受け渡さなければならないからです。

生まれ来る命は愛と喜びで迎え、死にゆく命は傷みと悲しみを伴い送られる。

けれど、生も死も共に尊い「いのち」なのです。

私が人生の過程で経験したことを述べてみたいと思います。

あの世に旅立った次男は、今年で丁度三十三回忌にあたります。本当に月日のたつのは早いものです。

6歳の息子は不慮の事故でした。あの世に旅立った息子とあの世から生み出された娘と、2人の間で葛藤する母がいました。朝の目覚めは否が応にも生きようとするプラスの想いと、夜の就寝時には死にたいというマイナスの想いとが交差する。その繰り返しの毎日でした。

散歩にでかけると、出合う人々や道端に咲く色鮮やかな花々、緑生い茂る大木から送られる氣のエネルギーに私の病んだ心は日々和らいでいきました。こんなにも私の気力は弱っていたのかと、自分でも驚愕しました。たまに夢に出てくる息子は苦悩する私に、ニコニコと笑ってみせるのでした。「お母さんの笑顔、大好きだよ」というメッセージをくれたのかも知れません。

人は簡単に死にたいと想っても死ねるものではないと悟りました。生きているからこそ、笑い合える幸せに感謝しよう。息子に教えられる母なのでした。そして、刻々と死に近づいていく時間の過程で、人もまた死にゆく存在であるならば、限りある人生を、ありのままに後悔なく生きる生き方もあるのではないかと、物言わぬ自然が教えてくれたのです。

不思議な出来事

私は思春期の頃より、夢が現実化するという不思議な感性を持っていました。友達のことや身内の事情など、知る由もないことを知らされていました。30歳前後になると、その感性は過去世から予知夢まで及びます。夢というより潜在意識が目覚める感覚だったと思います。52歳の時、「私一人でも必ず人びとを救う」と言ったかと思うと、右掌《てのひら》からひとすじの光が射し目覚めるのでした。

ある時は、「2年後、母が一度死に再び甦る」というのもありました。恐ろしさのあまり、しばらく全身の震えが止まらなかったことを記憶しています。そしてその夢が正夢で、母というのは私自身のことだったと、後になって気づかされるのでした。

平成18年7月17日。舌がもつれ意識を失った私は、夫の発見によりある脳外科で手術を受けました。集中治療室で一晩中経過観察となり、翌日意識がもどるという奇跡的体験をしたのです。

脳出血による右半身麻痺の後遺症は残ったものの命だけは取り止めました。まさに九死に一生を得たとはこのことを言うのでしょう。

亡き息子のせめてもの供養にと、佛教大学通信課程（仏教学科浄土学専攻）を希望し、大学に入って4年目の出来事でした。息子の死を通し、自分の無力さや命の儚さ、そして自責の念に苛まれる毎日でした。そんな自分の縛りから解放されたい、救われたかったのは私自身なのかもしれません。その様な気持ちが大学進学の動機となりました。

悲は苦悩の中から生まれる

佛教大学「卒業論文」のテーマは、『現代社会と仏教―母なるものの一考察―』です。これは入学当初より決めていました。

佛教とキリスト教は、「東洋宗教」と「西洋宗教」の違いはあるけれど、「愛」をテーマにしている点でどの様な相違があるのか。「母なるもの」とは何か。この2つが私の課題でした。同時に突き詰めると「愛」も「慈悲」に繋がるのではないかというのが私の仮説です。

深き傷みの情があって初めて広い愛隣（あわれみ）の情が生まれてくる。慈しみは菩薩が理想とする宗教的実践の第一徳目である。悲は苦悩の中から生まれる。苦悩を体験した者のみが、他人の苦しみに呻き声を発し我が痛みとすることができることを学びました。

キリスト教に詳しい増谷文雄氏は「慈悲」について次の様に述べています。

「普遍的な愛の根本的構造は、同悲の感情を通して、生きとし生ける者の上に拡がりゆく慈しみである」（『佛教とキリスト教の比較研究』増谷文雄著）

遠藤周作氏は『母なるもの』の中で、日本人でありながら西洋的カトリック信仰を全うする過程で、母への思慕にも似た「母なるもの」の信仰を拠り所としていました。

それは「父の宗教」としてのキリスト教とは異なる、許しを本質とする「母の宗教」でした。しかも、「愛の宗教」に立脚した双方には、許しと救いにおいて同質の相を伺い知ることができます。それは、「弱き者・罪深き者・転び者でもいつかはきっと本心（本来の自己）に立ち還える」という希望であり、内面的な調和力があるからなのです。

自我よりも深い「たましい」の深淵で認めざるを得ない懺悔と救いでもあるといえます。

自己中心的な自分、個我的な自分が「神と私」、「佛と私」との間で「自他不二の愛」に気づかされた時、父の様に厳し

写真提供：畑中なお子

く深い愛で、母の様に温かく照らし見守ってくださることを知り、懺悔と感謝が溢れ出すのです。無量に注がれる慈しみ、怨みなく敵意なき慈しみ、それが無条件の愛＝慈悲心でなくてなんでありましょうか。

「佛心とは大慈悲心これなり」

佛の愛は慈悲心に他ならないのです。この事実こそ、私が最も知りたかった答えなのでした。それは大学生活を謳歌するに相応しく、体中が熱くなる程歓喜した出来事だったのです。

父の心の奥底にあった愛

６年で大学を卒業した私は、知恩院で出版する雑誌『知恩』で「柴田久美子」という人物を知ることになったのです。そして、「看取り士」という仕事を初めて目にした瞬間でもありました。その後も縁あって、柴田会長の講演を何度か聞き、同時期の12月、初級・中級の看取り学を受講しました。そして、翌年に５泊６日の胎内体感研修を受講することにしました。どうしても解決したいことがあったのです。日にちを経るに従い、私の感性は研ぎ澄まされていきました。

そして最終日、あれ程厳しかった父の心の奥底にあったのは愛でした。愛があったからこそ、厳しくもあったと気づかされた私は、この思いもよらない事実に、その場で号泣したのでした。多忙な日常では考えられない程、静寂な環境も相まって、講師の方々の所作も素晴らしかったのを昨日の様に思い出されます。

平成27年10月、「看取り士」の民間資格を頂きました。「看取り士」になったとはいえ、「看取り士」と名乗るにはおこがましく、私に一体何ができるのだろうかと模索する毎日でした。

「私でも講師になれますか」の問いに、柴田会長から「なれます」と二つ返事をいただきました。現在、「看取り士養成講座」・「看取り学講座」の講師と胎内体感講師の肩書を持つ私ではありますが、その道のりは決して平坦なものではなかった様に思います。何故なら私にも自我があり、日常生活や人間関係そのものが問われるからです。

「死とは胎内に還ること」

「胎内体感研修」は、当事者である他者の心に寄り添い、自分の内にある慈愛に気づく最も効果的な技法です。

柴田会長が、20年間の内観と看取りを通じ学んだ末、「死とは胎内に還ること」に辿り着きました。看取り学の根幹とも言える研修です。柴田独自の研修法といってもよいでしょう。

私たちは胎内という慈愛の内で安心して育てられ、安らかに慈愛の世界へと還って逝きます。けれど、生命の根源である人間自然の愛をいかに真実の愛＝慈愛にまで高められるのかを自問自答します。自らを愛するが如く、他人をも愛することが本当にできるものでしょうか。「自他差別のない純粋で安心な境地」が胎内体感講師には求められるのかもしれません。

マザーテレサの言葉「愛こそ生きる意味」を知ったのは、柴田会長の書籍を読んでからのことでした。人生の過程で、出合う喜びや悲しみも皆、愛に気づくための道程なのかも知れません。今なら確信をもって、そう言えます。

人びとに対する、心からの思いやりや労り、そして許しの所作や言葉の中に愛は在るのだと思います。そんな私が今できることといえば、礼儀や礼節を保ちながら、真心をもって人びとに接していくことだと思うのです。

培った経験を基に、一歩ずつではありますが、これから先も精進して参りたいと思います。

息子との再会を楽しみに
すべての人に感謝を込めて

義父との約束

小川 みさ子

おがわ　みさこ
看取り士　ペット看取り士　看護師
1958 年　長崎県出身
1979 年　看護師免許取得、総合病院、高齢者施設、グループホーム勤務
2008 年から 8 年間臓器移植コーディネーターとして命のバトンを繫ぐ仕事に携わる。これからは看取り士として命のバトンの受け渡しをサポートしたいと思います。
2022 年 10 月看取りステーション大垣ぬくもり開所
2023 年 4 月大垣研修室開所
看取り士養成講座講師・一日胎内体感講師
mitori.ogaki @ gmail.com

義父を看取るためにも

「みさちゃん、わしは最期まで家にいたいで頼むわな」

「わかったよ。お父さん、私がちゃんと看てあげるからね」

十数年前に交わした義父との約束です。今年99歳を迎える義父は、17歳で海軍に入隊し、21歳の時に、戦地に向かう船が攻撃されて、海に漂っていたところを漁船に助けられたそうです。仲間がたくさん亡くなるのを見て、誰よりも命の尊さを知っています。

そんな義父の介護を本格的に始めてから4年が経った、令和4年3月末、地方紙に柴田会長の看取りの記事が掲載された。義父を看取るため看取り学を学んでみようと講座に申し込みました。

私は以前、臓器移植コーディネーターとして、8年間活動していました。看取り学を学ぶ中で、看取りとは「命のバトン」の受け渡しということを知りました。私は知らず知らずのうちに臓器提供、移植という形で命のバトンを渡す手助けをしていたのです。

看取り士という存在に何か縁を感じずにはいられませんでした。また、看取り学を学んでいると、自分を見つめ直す機会があり、それは胎内体感です。母のお腹の中に私がいる状態を想像しながら母の立場で胎児の私に手紙を書きました。上級講座では胎児の私から母に手紙を書きました。これだけのことで、複雑な家族関係の中で生じた母との確執が少しとれたように感じ、母を理解しようとする自分に気がつきました。

母の魂が私の中に……

看取り学に興味を持った私は、次のステップの二泊三日の胎内体感研修に進みました。初日は母のことを考えても、複雑な感情が混ざり合って素直な気持ちになれません。狭い空間で相手の立場になって考えることが苦痛でした。

2日目の朝、研修施設の近くにあった熱田神宮を散歩していた時のことです。昨日の雨も上がり、私の気持ちとは反対に、朝の空気がとても清々しいものでした。誰とも会話せず、只々自らと向き合う「こんな時間を過ごすことが今まであっただろうか」そんなことを考えながら、本殿に向かって歩いていると、熱田神宮のご神木である大楠が目にとまりました。

幹回り約7メートル樹齢千年以上とも伝えられている大楠の前に立った時、私の心と魂は何人の人たちから受け渡され、繋がれたのだろうと考えました。15代先までで計算するとなんと3万2768人になるのです。研修最終日の3日目の朝も同じように大楠の前に立ち、改めて、何千、何万……それ以上の祖先の方々から脈々と繋がった命によって、今私がここにいることの奇跡に感動を覚えました。

胎内体感研修を終えると、今まであんなに嫌だった子どものころの思い出が、自分でも驚くほど、すべて肯定的に受け止められるようになっていました。母に対して感謝の気持ちが溢れてきて、涙が止まらなくなったのです。こんなに愛されていたのに、私は母を愛することを拒否していたこと、本当に申し訳ない気持ちでいっぱいになりました。母をもう一度抱きしめたい。そう思えるようになった時から母の存在がとても近く感じられるようになりました。母の魂が私の中に宿ってくれた瞬間でした。

新しいスタート

全ての研修を終えて、10月8日、「看取りステーション大垣ぬくもり」を開所しました。

看取り士という存在とステーションを少しでも多くの方に知ってもらうため、映画「みとりし」の上映会を開催しようと思いましたが、なかなか集客できません。

同級生の友人にいろんな人を紹介してもらいながら助けてもらい、たどりついたのが、大垣ビジネスサポートセンターでした。最新のＳＮＳに疎く、困っている私に、サポートセンターの方がホームページを作成し、上映会の申し込みをホームページからできるようにしてくれたのです。また、メディアに向けて、看取りステーション大垣ぬくもりの開所と「みとりし」上映会開催をプレスリリースしてくださり、すぐに取材を受け、新聞に大きく掲載されました。当日はその記事を見た多くの方々にご来場いただき、無事に上映会を終えることができたのです。

その後、上映会をきっかけに新たなご縁をたくさんいただくことになりました。私と同じように新聞記事を見て、何か感じるものがあり来てくださった方４名がすぐに看取り士養成講座に申し込んでくれたのです。講座開講の不安はありましたが、看取り士に興味を持ち、共に学ぼうとしてくれる仲間が増えたことは私の大きな喜びとなりました。

初めての看取り

12月6日、日本看取り士会本部から一通のメールが届きました。私にとって初めての看取りの依頼です。依頼者の方に電話をかけ、翌日伺うことにしました。緊張しての訪問でしたが、助産院を営まれている長女さんに優しく迎えていただきました。

看取りの考えに共感され、「生まれる時も、旅立ちの時も自然が一番いい」と、お母様の看取りを依頼されたのでした。また、お母様自身も「死ぬのはいいんやて、患うのがいややな」と娘さんにお話しされていたそうで、私は看取り士として精一杯お手伝いさせていただこうと決意したのです。

80歳のお母様は、一年前にご主人を亡くし、その後は、2人の娘さんに食事など身の回りの世話をしてもらいながら一人暮らしをされていました。初めてお会いした時から、地元の話や趣味だった登山の話をたくさんしてくださり、2回目の訪問時に、私がお母様の生まれ故郷の薬草入浴剤を持参すると、「そうそうこの香り、このお風呂がいいのよね」と足湯を楽しんでいただきました。

3回目の訪問時には、体も思うように動かせない中、「昨日、冷蔵庫にヨモギの葉を冷凍してあったのを思い出したからヨモギ餅を作ったの」、「えっ、一人で作ったの」と驚く私に満面の笑みを見せてくれました。

年の瀬も迫る12月28日に4回目の訪問をすると、これまでとは明らかに状態が違います。がんの末期で、痛み止めは飲まれていましたが、まさか、こんなに早く急変されるとは思っていませんでした。

翌日かかりつけ医の往診で、いよいよ旅立ちが近くなっていると言われ、ご家族が泊まり込むことになりました。30日には、この家で生まれた次女さんの大学生の息子さんが「僕がおばあちゃんを看取りたい」と言うので、看取りの作法を教えました。大みそかにはケーキを二口食べて、元旦には「お粥ばっかりも嫌だから、ご飯が食べたい」と二口食べたそうです。トイレに介助で行った後「もう参らせて欲しい」と、本人の希望で排尿の管も入れられました。

3日の夜中に「呼吸が苦しそうです」とご家族から連絡を受け、「看取りの作法をして、呼吸合わせをして下さい」と伝えました。日付が変わった頃、お孫さんに抱かれて、呼吸合わせをしていると、お母様の首の後ろあたりから白い霧が出てきて、その中に包まれ、大好きな山に登頂したかのような最期だったそうです。

「姉妹で寝食を共にしたのは、何十年ぶりかな」

「年末年始を家族揃って過ごすことができたのは、お母さんのおかげだね」

「具合が悪くなる前日には『こんな髪では、正月が迎えられない』と言って、自分で美容師さんに電話をかけて、カットをしていたのよ」

　携帯にはちょっと恥ずかしそうに微笑むお母様が映っていました。

　訪問看護師さんと一緒に、故郷の薬草を入れたお湯でお身体を拭いて、山登りの服に着替えると、とても嬉しそうな優しいお顔になっていました。お母様のまだ温かいお身体に触れながら、携帯に保存していたお孫さんの歌うカルメンの独唱をみんなで聴きました。

　その後も大好きな曲が入ったCDを流していると、お友達が来られた時には長渕剛の「乾杯」と谷村新司の「昴」、そして別のお友達には小柳ルミ子の「お久しぶりね」が流れていたそうです。

　ご自宅でお通夜、葬儀を終えて、茶毘に向かう車内には松任谷由実の「ひこうき雲」がイントロから流れ

お母様と槍ヶ岳

始めて、到着するまで流れたそうです。この歌がお母様からの最後のメッセージだったのですね。「死ぬのはいいんやて、患うのがいややな」の言葉通り、初めての看取りで、みごとな旅立ちのプロデュースを見せていただきました。ありがとうございます。

一〇〇人のエネルギー

私が初めて行った看取り士養成講座には4名の方が受講してくれました。

「看取り学では『良い心』と『魂』のことを『命のバトン』と呼んでいます。この命のバトンのことを瀬戸内寂聴さんが、『人は旅立つ時25メートルプール529杯分の水を瞬時に沸騰させるだけのエネルギーを傍らにいる人に渡す』と言われました……」

そう話した瞬間に、私は自分の胸が急に熱くなるのを感じました。

不思議に思いながら講座を終えて、思い出したのです。臓器移植コーディネーターとして関わった臓器提供や献眼をしていただいた100名程の方々から「良い心」と「魂」のエネルギーを私は頂いていたことを。

看取りステーションを開所して4カ月で、看取りも経験させていただき、看取り士も6名誕生しました。看取り学上級講座講師の資格も取得できました。このように順調に活動ができるのは、私だけの力だけなく、今まで関わってきた多くの方々やご先祖様の尊い命のエネルギーに後押しされているように感じています。私が看取り士になったのも偶然ではなく、必然ではと思えるようになりました。今まで歩んできた道に続いて、これから進む道が見えてきたのです。

私の母は83歳で亡くなるまで現役の看護師でした。母を越すことはできないと思っていましたが、看取り士としてなら超えられるかもしれません。きっと母も側にいて応援してくれるでしょう。

これからも、看取りの大切さと尊さを伝えて、一人でも多くの命のバトンを受け渡すお手伝いをしていきたいと思います。

そして、最後に、日に日に幼子のようになっていく義父と、今日も一緒に夕飯を食べながら、穏やかな一日を過ごせたことをとても嬉しく思います。

お父さん、あなたとの約束を果たすのは、私が看取り士として、もっと成長するまで、もう少し待っていてくださいね。

父と桜

看取り士として、生まれ変わった

三木羽美

みき　はねみ
1月8日生まれ　B型
看取り士・介護福祉士・終末期ケア専門士・遺品整理士
病院で介護士として11年従事し、柴田会長の志に感銘を受け、2020年に看取り士となる。2022年1月に看取りステーション伊予　羽ばたきを開所後、看取り士の育成と看取り学をたくさんの方に知っていただくために講座や「みとりし」上映会を開催し、活動中。

死と向き合って

私が、身近な存在の方のご遺体に接したのは3度です。

亡くなられた方に初めて会ったのは、小学校5年生くらいだった頃、身内ではなく、学校の友達とそのご家族でした。それは、とても悲惨な一家心中でした。自宅の和室に家族で横たわる姿を見て、あまりの衝撃と驚きで受け入れられず、涙も言葉も出ませんでした。

その次は、同居していた祖母。胃がんで入院していましたが、ほとんど老衰で、駆け付けた時にはもうすでに亡くなっていて、母から「ありがとう」と言葉を残して亡くなったと聞かされました。私は、さんざん母をいじめていた祖母がとても憎らしかったのに、その時、スーッとその気持ちが消え、無言で横たわるその姿に涙が溢れました。

それから父でした。父は肝臓がんで手術をすれば3年、しなければ3カ月、という余命宣告を受けて、手術後はずっと集中治療室から出られないまま、1カ月で亡くなりました。

父は手術前に「肝臓は切っても増えるから大丈夫」と言い、笑顔で手術室に入っていきました。まさか、こんなになるとは誰も想像していませんでした。駆け付けた時は心臓マッサージの最中で、心臓にショックを与え、体は激しくバウンドしていて、その光景に胸が張り裂けそうになりました。腹立たしさと苦しさ、辛かったのを覚えています。なんと人はあっけなく死を迎えるのか……何もわかっていない頃の私の正直な感想でした。

ルーティンのような最期と絶望感

祖母も父も病院で亡くなったため、悲しむ間もなく寝台車で自宅に帰り、葬儀社が来て、淡々と準備が進み、ドライアイスが入れられ、あっという間にお葬式も終わっていた、そんな感じでした。

その頃は看取りという言葉すら知らず、亡くなったら葬儀社がすぐ来て、お通夜、お葬式、と悲しみに浸る間もなく進んでいくというイメージでした。

介護の仕事をするようになると、勤務していた病院でたくさんのご高齢の患者様を見送りました。まるでルーティンのような、ご家族がゆっくりとお別れもできない最期を見てきました。そして身寄りのない生活保護受給者の方のご遺体は、行政のお迎えが来るまで冷たい霊安室でいつまでも一人で寝かされている

……。

そんな現実を目の当たりにし、まさに死んだら終わりという人生のあっけない最期に絶望感がありました。

柴田久美子会長との出会い

そんな現実に疑問を持ち始めた頃、ふと点けたテレビに柴田会長が出演されていました。「全ての人が最期幸せと感じて旅立てる社会創り」のために奔走されていると知り、感動し、看取り士について知りたい、会長に一目会いたい、会長とともに仕事がしたい。その一心で「看取り士資格」を検索し、資格取得のために行った岡山で初めて柴田会長にお会いすることができました。

テレビで見て感じた愛あふれた、慈愛に満ちた会長に、心が震えるほど感動したのを鮮明に覚えています。たった一人でマザーテレサの遺志を継ぎ、離島でたくさんの幸齢者様を抱きしめて看取り、その方たちの熱い魂のエネルギーを受け取り、力に変えて後生の育成にもパワフルに活動されています。

私は子供の頃から、わがままで自由奔放な生き方をし、両親や子供たちにも心配をかけてきて、柴田会長とはかけ離れた生き方をしてきてしまいました。29歳の時、57歳だった父を亡くした後、自分の生き方や選んだ道に後悔や反省の念があふれ、宇宙の神秘とか、言葉の力、自己啓発等、ご先祖様への感謝や気付きがあり、いろいろなことに興味がわきました。

本を読み、セミナーに参加し、ホテルに缶詰めで研修を受けたりしました。そのおかげで、自分の間違いやそれまで抱えていた悩み、親に対する反発や心の問題を消化することができました。両親への反発はこの世に生を受けることができたことへの感謝に変わり、繋がった命の大切さや愛おしさを感じることができました。

胎内体感という、ロールレタリングによって当事者意識と他者意識に立って考える、という体験によって、大切な時間、深い愛、慈愛の世界に気が付きました。そして神仏にも愛されていること、ご先祖様にも守られていることが改めて感じられました。

死んだら胎内に還る、この暖かく

慈愛に満ちた世界、静けさの中にある安心感、いろいろなことが浄化していく安堵感で涙があふれて止まりませんでした。ブレークスルー、自分の壁を突破する、という研修とは全く違ったものでした。

魂のエネルギーを受け取る

私が51歳の時、56歳の夫が脳出血で倒れ、救急搬送されました。買い物に行って迎えに行った場所に見当たらず、お店の方に聞くと、

「そういえば先ほどお店で倒れて救急搬送された男性がいました」とのこと。すぐに救急車に乗っている隊員の方に連絡を取ってもらい、「救急救命センターに来てください」とのことで駆け付けると、

「命の危険がありますから人工呼吸器をつけますよ」と医師から聞き、「とにかく助けてください」と祈る気持ちで口にしていました。そして震えながら、手術が終わるのを待ちました。

命は助かったものの、頭から出た管から血を抜いたり、気管切開し、その変わり果てた姿に呆然としました。友達が傍にいなかったら、私はなすすべもなく呆然とその場に居続ける事しかできなかったと思います。

そんな状態から1か月程経った時、医師から症状が落ち着いたらリハビリ病院への転院を、と

勧められました。しかし、国の方針として若い現役世代の人しかリハビリに力を入れない、夫は年齢的にも、予後的にも再起不能で、というような話で結局リハビリ病院に転院しても積極的治療は行わない、意味がない、ということでどこの病院に転院するか、と悩みました。

その時、同僚から「あなたが今働いている病院に入院させてもらえばいいじゃない？」とアドバイスがあり、院長先生に話をしました。院長先生は快く、「いいよ、最期まで僕が診てあげるよ」と言ってくださいました。そのおかげで、現在もその病院で、意識はありませんが、11年近く過ごさせていただいています。院長先生には言葉にできない恩と感謝を感じています。

私は、夫が倒れてからの1、2年は荒れた生活をしていました。これからの未来に絶望し、お酒におぼれ、生きる希望を無くし、自殺を考え、自暴自棄になりました。ふと我に返った時は、医療従事者として夫の体調管理について、どんなに嫌がっても病院に連れていき、治療を受けさせるべきだったと自責の念が湧きました。私自身は責任感が強く、性格的に思い詰めるタイプである上に、夫からの暴力暴言により、いつのまにか自分を卑下し、自己肯定感が低くなり、うつに近い状態になっていました。そんな日々が続いていた時、友達や知人が温かい手を差し伸べてくれました。

ある時、夢の中で、父の姿と夫の姿が重なり、何かがはじけ頭を殴られたような衝撃を感じ、目が覚めました。夫は父の生まれ変わりではないかと感じ、実際には年齢的にも近いので違うとは思いますが、2人はとても似ていて、容姿は父そっくりでした。それから人は、自分の死期を悟るのだと思います。父は手術で入院する前、生まれて初めて私を買い物に連れていき、洋服やアクセサリーを買ってくれました。夫は倒れる前日、家事をする私を何度も呼び「傍にいてくれ」と寂しそうに懇願しました。死期を悟り自分なりの別れを、愛を伝えていたのではないか、と思います。

私が看取り士という仕事に出会えたのは、夫や周りの方々、ご先祖様の導きがあったのかも知れません。そのおかげで、夫にしてあげたくてもしてあげられなかったこと、後悔や懺悔の気持ちを消化し、魂のエネルギーを受け取り見送ってあげられる、という安心感で満たされました。たとえこの先、夫が旅立ってしまったとしても魂はそばにいる、このことは私に生きる力、勇気と希望を与えてくれました。

安心と幸せを感じて旅立てる社会に

柴田会長に出会ったとき最初に思ったのは、看取り士にもっと早く出会いたかった、知りたかった、ということです。

私は、ご先祖様を大事にする家庭に育ちましたが、特に死生観についての知識もなく、そのことを深く考えたこともありませんでした。でも、マザーテレサの生き方とその遺志を継ぐ柴田会長と出会ったことで、私の人生観、死生観は一変しました。

会長の著書にある、瀬戸内寂聴さんのお言葉「人は亡くなるとき、25メートルプール529杯分の水を瞬時に沸騰させるだけのエネルギーを傍らに居る人に渡す」ということに感動し、人は寿命を握って生まれてくるということなど、たくさんのことを学びました。

私は子どもの頃、デジャブーや不思議な体験の中から、生まれ変わりのこと、子どもは親を選んで生まれてくること、縁が繋がっていることなどを素朴に信じていたように思います。ところが、いつしかそんなことも忘れ、死について話すことは恐い、タブーというマイナスなイメージをもって生きていた気がします。しかし、臨終は「命の終わりの時に臨む」ということで、亡くなっても、魂はそこにあり、魂のエネルギーの受け渡しが始まる、それが命のバトンリレーであり、それをお伝えすることが看取り士の仕事であり、私のこれからの生きる道、使命だと感じています。つまり私は、看取り士になったことで、子どもの頃のような気持ちに生まれ変われたのです。

2022年1月にステーションを立ち上げ、地元愛媛の方々にも看取り士の存在を知っていただけるよう、看取り士の育成とともに、「おひとり様でも安心して幸せと感じて旅立てる社会創り」のため走り始めました。

その伴走者に娘が加わってくれたことがとても心強く、私の励みになり、希望が湧いています。誰かの幸せを思う時、自分にも幸せが訪れる……。

ある日、神社にお参りした帰り、車のサイドミラーに止まった可愛い鳥が私を見つめていて、思わず、シャッターを切りました。

「こんにちは、気を付けて行ってらっしゃい」つぶらな瞳がそう挨拶してくれていた気がします。

今日も命があり、明日が迎えられる、希望に満ちた毎日、全ての出会いに感謝です。

愛そのものになる

中屋敷妙子

なかやしき　たえこ
一般社団法人日本看取り士会
新宿研修所所長。20歳代で串カツコース店、喫茶店を経営。その後、人事研修会社にてメンタルカウンセラーやトレーナ、社長秘書として人事教育や後輩の育成と経営に携わる。兄の癌の闘病と看取りをしたことで介護福祉士となり、訪問介護での在宅看取りに取り組む。柴田会長と出会い平成28年『看取り士』となり看取り士として活動。その後、日本看取り士会新宿研修所を開所し講師として看取り士の養成に携わる。地球規模の平和は一人一人の意識を変え、自分の中にある深い愛に気付くことだとの想いで、日々活動しています。

死んだ兄からのメッセージ
それは突然聞こえてきた。

約束

兄と私は誕生月、誕生日が同じだった。丸2年違いの3月18日。珍しいねとよく言われたが、母は「妙子の予定日は2日後やったけど、どうせなら同じ日がええと思って頑張ったんや」とよく冗談交じりに言っていた。真偽の程は定かではないけれど誕生会を兄と一緒にできてしまうので、確かに母にとっては都合がよかったと思う。誕生日が同じおかげなのか、兄と私は小さい頃から仲が良かった。私が10歳の時に私達の実母が亡くなるという悲しいことがあったが、その後も仲の良さは変わらずいろんなことをよく話した。

そのくせ兄妹喧嘩は壮絶で、小さい頃はとっくみあいもした(これは私がお転婆すぎたからだ)。中学の時、いつものケンカで兄につかみかかっていった私を兄が振り解こうとした際、兄の腕が私の顔にあたった。その時はなんともなかったのに、朝目が覚めて鏡を見ると右目の周りはパンダのようになっていて驚いた。兄はその時に、お互いの力の差が小学校時代とは全く違ってしまったことを知り、それ以降は私と絶対にケンカをしなくなった。ちょっとしたことで私がガミガミ言い出すと、さっさと相手もせずに自室に退散するようになった。私は口達者で言いたいことを言ってしまうのだが、ケンカにならなくなったのは、ひとえに兄の賢明な対応のおかげでしかない。

あの頃のお転婆さを思い出すだけで、今でも恥ずかしいくらいだ。武勇伝は数あるが、話が逸れるので割愛。

そんな中学、高校時代の多感な時も、試験勉強などで夜食を作る時は兄の分も作り、よく一緒に食べ、そのまま話し込んだりした。他愛もない話だったがそれがとても楽しく、夜遅く勉強している中での息抜きでもあった。

そんな何気ない会話の中で、ある時、ふと思いついたように、兄が癌の告知について自分の意見を言ったことがあった。

昭和の時代、癌になっても本人には告知せず、医者も家族も最後まで嘘を突き通すことがほとんどだった。

「俺は最後まで知らされへんなんて嫌やな。知らんと過ごしてて、もう体が動かんようになってからわかっても遅い。それならそれで、やりたいことやっときたいやろ。せやのに本当のこと知らされんと、何もできひんかったら辛ないか？

そういう意味では人権無視やぞ。俺は絶対嫌や。せやからな、俺がもし癌になったら、おまえ、絶対言うてくれよ。絶対やぞ」とそう言った。

「へえ、そんなこと思てるんや〜」正直私は驚いた。

すると兄はさらに「おまえが癌になった時は、俺が言うたるからな」と付け加えた。

でもこれはお節介だ。

「えー、うちは自分が癌になった時に言うて欲しいかどうかわからんし〜」と困惑した。でも兄の希望は聞いたので、「分かった。お兄ちゃんの時は私が言うたげる」「ほんまやぞ。約束やからな」ということになった。

兄がこう言ったのは、母が癌で亡くなったことが影響していたのかもしれない。母は癌とわかってから急激に進行したので、やりたいことをやる時間すらなかった。本人が自分の死が近いことも悟っていて、私をベッド横にいつも呼んで「妙子の手が気持ちいいんよ」と背中をさすらせた。

最期は自宅で過ごし、大好きな父に看病され、家族にも兄や私にも一人ずつに最期の言葉を残し、眠るように逝った。

母のお葬式が終わった夜、私が疲れて布団の中で眠ろうとした時、はっきりと頭の上の方から母の声が聞こえた。『たえこ〜　たえこ〜　たえこ〜〜……』と、母は私の名前を何度も呼んでいた。私はハッとなって布団の上に

父が生前Tシャツに描いた絵

起き上がると、その声はだんだん遠くなり、やがて聞こえなくなった。でもその声は、確かに私に別れを告げる母の声だった。10歳になったばかりだった私は、近しい人の死をそれまで体験したことがなく、その時初めて、母がもうこの世にはいなくなったのだと実感した。

そんな母の急な死があったせいで兄は自分が癌になったらと考えたのかもしれないが、兄への癌告知の約束は、普段の生活の中でそれきり忘れていった。

寿命の半分

それからずっと元気だった兄が、29歳の時になんと癌になった。

当初兄の脇腹の激痛の原因がわからず、1ヶ月の検査入院。そして結果が出た時、私はひとりで主治医の話を聞いた。親は仕事で遠方に赴任中で、入院の世話や病院の手続きなど私が全部やっていたからだが、兄が呼ばれていないことに不安を覚えた。でも聞くしかない。先生は私が前に座るなり「お兄さんは腎臓の癌です」と告げた。手術をしてみないとどれくらい生きられるかもわからないと。

癌……

その言葉を聞いた途端、私の頭は真っ白になった。

病院からどこをどう帰ってきたのか、全く覚えていなかった。

気が付けば家の前にいて、隣の奥さんに声をかけられて我にかえった。私の顔が真っ青で様子があまりにおかしいので、「どうしたん?」と声をかけてくれた。普段から私たち家族と仲が良かった奥さんに、兄の病気の話をしようとしたが、話ができないくらい涙が溢れて止まらなかった。

そしてその日から、私は毎日朝に夜に必死に祈った。

――私の寿命を半分お兄ちゃんにあげてください――

寿命全部だと、自分が元気になっても私が死んでいたら悲しむだろうが、半分ずつなら一緒に同じくらい生きられる。だから寿命を半分どうかあげてください!こんなに若いのに、お兄ちゃんの人生はこれからやのに、絶対生きて!

そう願わずにいられなかった。

覚悟

手術が終わった直後、ドクターから言われた。

「肝臓や腹膜にも転移していて、片方の腎臓を取っただけですぐにお腹は閉じました。3ヶ月は保たないと思います」

そしてこのまま病院で抗がん剤治療をするか、何もせず自宅に帰るか選んで欲しいと宣告された。麻酔から覚めた兄は、ドクターから良性の腫瘍だったし切除したのでもう大丈夫と教えれられたそうで、翌日私たち家族が病室に行くと「よかった！　ほっとしたわ〜！」と喜んでいた。

しかし逆に私は、兄が治ったと思って安心しきっているその笑顔を見て、とても不安になった。

そして唐突に、高校時代に兄が言った言葉を思い出した。

『俺が癌になったらおまえが教えてくれよ』

兄はあの時高校生だった。それでも遠からぬ自分の将来に、何かを感じとっていたのだろうか。いや、単にあの時はそう思って言っただけだったとしても、ドクターや私たちが嘘をついたまま、完治したと思い込ませていていいんだろうか

でも、でも……知ってしまったら、果たして兄は大丈夫なんだろうか。

今はこんなに喜んでいるのに。そうじゃないことを知ったら、ショックを受けておかしくなったらどうしよう。

私は受け止め切れるのだろうか。

だけど、だけど、だけど！

あの時、約束したのはきっと偶然やない、私らが嘘をついたまま動けなくなったらお兄ちゃんは絶対辛いやん……

考えは堂々巡りし一睡も出来ずに朝を迎え、悩み抜いた末に分かったことは、結局覚悟するしかないということだった。

『本当のことを話して兄がどんなに狂ったようになったとしても、必死で受け止めよう』

そして、病室で兄に向き合った。

余命こそは言わなかったが、悪性の癌だったこと、まだ治り切っていないことも話し、これから抗がん剤や自宅に戻るとか、どうしたいか聞いた。

兄は私が驚くほど冷静に聞いていた。

内心はきっと動揺していたのだろうけれど、私のために冷静にしてくれているのだと思った。

「そうか、よう教えてくれた。俺は抗がん剤はせえへん。家に帰る。自分で治す」

二人三脚の闘病生活

兄は退院し、家で過ごすようになり、どんどん元気になっていった。

父が生前Tシャツに描いた絵

もともと兄は信仰心があり、それが支えにもなっていたとも思う。私の運転する車に乗って友達のところに出向いたり、一週間かけて兄の行きたかった箱根の温泉や富士山周辺も旅行した。その時には山道で前を走っている車がノロノロと遅くて後ろが渋滞したりすると、「あの車がガンやなあ。あ、ガンは俺や〜」と冗談を言うくらい元気だった。

兄が望むことはできる限りしたし、これを食べるといいと言われるものは調理して、痛いところがあると言えば体をさすったりマッサージもした。兄が元気になっていくことが、家族の喜びだった。隣近所の人達も応援してくれて、兄はこのまま癌が消えてしまうのではないかと思え、それが私達の支えだった。

告知して分かったけれど、兄が知ったことで家族で同じ方向を見て進め、私たちは明るくいられた。もちろん兄が明るく振る舞ってくれていたからで、私は時折、心の内はどうなのだろうと思うと胸が締め付けられる想いがすることもあった。だからこそ、この穏やかな日々が長く続いてほしい、そのためにはなんでもしようと思えた。家に帰ってからの兄は一日一日を精一杯楽しんで、たくさん私たちとも話をした。

そして気がつけば、あっという間に一年近く経っていた。

元気を盛り返した兄は「体力がついた今やから、抗がん剤をやってみる」と決めて再入院し、当時の最新の抗がん剤治療を始めた。「絶対治して家に帰ってくる！」と言って。だが、抗がん剤は効かず、すぐに副作用で髪が抜けていき、腹水がどんどん溜まり、食事も摂れなくなっていった。

私は朝夕に、炊き立てのご飯とお漬物、お味噌汁を届けた。兄がそれならなんとか食べられたからだ。

髪が抜け、腹水で妊婦さんのようなお腹になっていた兄は、昼は人に見られるのを嫌がって外に出たがらない。でも人がいなくなる夜は病室から出たがる。私は兄を車椅子に乗せて、深夜の病院の外来や受付ロビーまでよく散歩し、一緒に月に照らされた外の景色を眺めた。

特に夜明けのグラデーションは言葉で言い尽くせないほどとても美しかった。死と隣り合わせの時、こうも全てが美しく、胸に迫ってくるのかと、毎日感動の連続だった。兄はこの散歩がお気に入りで、毎日のように行った。

「俺な、退院したら○○看護師さんと□□看護師さんとデートするって約束してんねん」

「へえ〜、そうなんや。ええなあ、ふたりとデートなん。も

ててるやん」

「せやろ～。はよ治さなあかんなあ」と楽しげに言って笑う。このひと時が病院でのかけ替えのない時間だった。

確かに病棟の看護師さん達は兄のことをとても勇気づけてくれていた。病棟で私が看護師さん達にお礼を言うと「お兄さんは私達が点滴や注射で行っても、いつもありがとうと言ってくれて、調子がよければ笑顔で冗談言って楽しませてくれます。苦しい時でもありがとうだけは必ず言ってくれます。私達の方が癒されてます」そう言って下さっていた。

しかしお気に入りの深夜の散歩も、ほどなくして、ままならなくなった。もう車椅子にさえ乗っていられなくなってしまったから。

臨命終時　それは命の終わりに臨む時

ある夜、トイレに行きたいと言うので、ベッド横においたポータブルトイレに介助して座らせると、兄は優しい顔で私を見て言った。

「俺はな、癌になりたかった訳やない。癌になったんは嫌やった。けどな、癌になってわかったことがある。兄妹のありがたさや。妙子、ほんまにありがとうな。」

兄の真っ直ぐさに、私は咄嗟に言葉が出なかった。

『私もお兄ちゃんがいてくれてよかった、ありがとう！』本当はそう言いたかったのに、それを言ってしまうと、兄が逝ってしまうことを私が認めてしまうようで、怖くて口に出来なかった。

それを誤魔化すように、私は「なに言うてんのん。まだ大丈夫やって！」わざと明るく笑いながら言った。

兄は「ありがとうな」ともう一度言って、私に手伝ってもらいながらベッドによじ登るようにして戻った。

そして私に「妙子、お題目あげてくれ」と細い声で言った。

私が兄の代わりにお題目をあげ始めると、兄はその私をじっと見ていたが、やがてすーっと上を向くように半眼になり、眠るように息を引き取った。

兄の体に包まれていた命が終わりに臨む時が始まった。その瞬間、病室がぱあっと明るくなっていくのを私は兄の手を握り締めながら観ていた。

兄は人生を生き切って、穏やかに旅立った。

亡くなった人の想いと残された人の想い

その後、私は結婚し、やがて子どもたちも授かって、仕事や家事、子育てと、忙しく日々を暮らす中で10年、20年経っていった。それでもまだ『今ならこんなガン療法もあるのにな』とか、『こんなことしてあげられたのにな』などと、ことある毎に兄のことを思い出すことがあった。

そして兄が亡くなってから27年目のある夜、私がお風呂で湯船に浸かっていると、突然、それは本当に突然だった。

兄の声が聞こえたのだ。

紛れもなく兄の声だった。

――妙子――

『え！　お兄ちゃん？』

――そうや。妙子、おまえな、俺のことで、まだ悲しんでる時があるやろ。寿命半分あげる言うてたのに、もらってくれへんかったって、そう思って今でも悔やんでるやろー

『うん』

――せやけどな、俺は一年元気になって、やりたいことやれたやろ。あれで充分やったんや。あと生きてても腎臓ひとつ取ってるし、しんどかったんや。せやからな、あの一年で充分やった

んやで。それでもう次に行こうと思えたんや――

『そうやったんや』

――そうや。それにな、あの元気になった1年は、おまえの寿命から1年もらったんや～――

『え～！』

私は号泣した。声をあげて。泣いても泣いても涙は止まらなかった。


そうやったんや、1年もらってくれたんや、だからやりたいことやれたんや！ よかった！

心の中でそんな言葉にならない想いが轟々と音を立てて渦巻いて、これまでの悲しみや後悔を流し去っていくようだった。

それを見守ってくれていたかのように、また兄の声が響いた。

――だからもう俺のことで悲しむな。おまえの人生はまだまだこれからやぞ。これから忙しくなるぞ～！――

その言葉を残して兄の声は聞こえなくなった。

私はお風呂の中で泣き尽くしてから、『おまえの寿命から一年もらったんや〜』と言った兄の言葉を思い出し、『お兄ちゃん、やっぱり大阪人やなあ。こんな時でもオチつけて笑わせてくれるなあ』と、それが妙におかしくなって最後は大笑いした。

それ以降、私は兄のことで悲しむことが本当になくなった。こうして最期の時のことを思い出して書いていても、兄との懐かしい思い出としてだけ蘇ってくる。

兄がおまえの人生はこれからだ、忙しくなるぞと言った通り、このことがあってからすぐに看取り士会を知り、柴田会長と出会い、私は日本で185番目の看取り士になった。

そこからは会長についてカナダまで行き講師になり、看取り士会新宿研修所を開設し、看取り学の講師として講座をやり、また看取り士として看取りの現場にも駆けつけ、怒涛のような日々になった。まさに、兄の言った通りだった。

兄が死を通して教えてくれたことが、私を看取り士に導いてくれた。

介護士から看取り士へ

50歳になってから介護福祉士として介護の道に入った。それは兄の闘病の時に、本当にたくさんの人に助けてもらったので、いつか世の中にお返しがしたいと思っていたからだった。ホスピスのカウンセラーになりたかったが、実際の現場を知らないので、自宅で看取りを啓蒙している介護ステーションで仕事をさせてもらった。どんな看取りも感動的だった。旅立つ人は、いつの間にかご自分の旅立ちが近くなると、何故か気持ちが整っていかれ、どんどん清らかになっていかれる。いつも　付き添うこちらが癒されるくらいだった。しかしご家族の気持ちはなかなかそうはいかず、旅立つ人とのギャップができてしまい、ご臨終からかなりの時間が経ってから、ようやくその人の死を受け入れていかれる。その間が辛い日々になる。グリーフケアが必要な期間だ。どんなに尽されたご家族でも、なかなか大切な人の死を受け入れられず、『もっとやってあげられたのでは』という後悔や大きな喪失感を残されるのをみてきた。

何ができるのだろう。

そう思っていた時に、柴田会長のことを、日本看取り士会を知ったのだった。

私は兄が亡くなる前に、私もどんなに感謝しているか伝えたかったが怖くて言えなかったことは前述した。これが生前にちゃんと伝えられていたらと言うことは、私が大きく後悔したことのひとつだった。

だが看取り学を学んでみて、それが本当はできるのだと知った。

看取り学では、体は機能が終わっても、そこから命のエネルギーは体から放出される。それは愛のエネルギーとして残された人たちに手渡していかれ、その愛は残された人の魂と重なり、明日からの勇気や希望になって、愛する人たちを支えていくというプラスの死生観をお伝えしている。その死生観を学び、訓練された看取り士が最期の時に寄り添うことで、旅立つ人と見送る人の双方向に穏やかで温かな看取りができる。これは私が看取り士として何度も現場で実感したことだ。ご家族が「こんな幸せな時間が持てると思わなかったです。本当に穏やかで温かいです」と、満足度がとても高くなることにいつも新鮮な驚きと感動を覚える。

では、看取り士が寄り添うことで何が違うのか。

それはご家族の「もっとできることがあったのでは」が、「これでよかった」に変わることだと思う。

なぜ変わるのか?

それは旅立つ前から、ご家族がご本人に対して——ありがとう——と言えるようになるから。

看取り学では、終末期の方に対し、ご家族にたくさん楽しかった思い出を語ってもらい、たくさん触れていただくことをお伝えしている。看取り士は現場でご家族に対し、実際にそれができるようにリードしていく。そうすることでご本人とご家族との絆がどんどん深まっていく。

終末期のご本人は、やがてお迎えが来られ自身の旅立ちを受容されていく。見えている体は衰えていくが、見えない内側の気持ちや魂は整い、清らかになっていかれる。そのご本人と触れ合っていかれる中で、それが自然とご家族に伝わり、ご家族も気持ちが整っていかれ、共に旅立ちを受容されていく。前述したような気持ちのギャップが起きないのだ。

だから生前から感謝の気持ちも伝えられるし、旅立ち後も喪失感が全く違うのだと思う。自分の体の一部のように、旅立った人との絆が残るのだと。

私も母の時も兄の時も、触れてお別れをしたけれど、触れることの意味が分かっていなかったことで、やはり後悔が残った。自分が愛のエネルギーを受け取っているのだとしっかり認識し、受容することはとても大切だ。看取り士は、ご家族のその受容を促し肯定するということも、大きな役割だと思う。

命が最期に光り輝く時、それが臨終の時。

そこから目に見えない世界へと旅立っていかれる。

そんな生死のはざまでは、医学や科学では解き明かせないような不思議なことも起きる。

亡くなった人からのメッセージが聞こえたり、ご遺体からエネルギーが水蒸気や光の粒子となって立ち上っていくのが見えたり、パア〜っと部屋が明るくなったり……

そんなことは有り得ないという人もいるだろうが、私たち人間が分かっていることは、この宇宙の数パーセントに過ぎないという。それなら、目に見えなくても存在することや、不思議なことも、あるのかもしれないと私は思うことにしている。現に今この瞬間も、宇宙から飛んできているたくさんの粒子が私の体を通り抜けている。それは見えないし感じない。生きていく上でこれだけお世話になっている空気も目には見えない。でも私の理解を超えているだけで、それは確かにある。そう思うことでその人が穏やかになれるのなら、それで良いのではないだろうか。私の死んだ兄からのメッセージのように。それで私は人生が明るく前向きになれたのだから。

だからこそ、私はこれからも看取り学のプラスの死生観を少しでも多くの人に伝えたい、看取りの現場に看取り士や看取り士会の無償ボランティアを呼んでいただきたいと切に願っている。

何故なら、これから来る多死社会で、近しい人が旅立った時、残された家族が喪失感に長く苦しむのではなく、「これでよかった」と思える、そんな人が増えるように。

亡くなった人からの愛を、自分の魂に重ねて、共に生きていける明るい社会になって欲しいと祈っている。

全てに感謝

人は旅立つ時、愛そのもの、光と輝きになり、残していく人に降り注ぎ、やがて源に還るのだと看取り士になってより実感することが出来ました。そして兄の死も体験したからこそ、生きているうちに「ありがとう」を伝えられる大切さがわかるようになりました。
兄は30歳の若さで旅立ったけれど、『短かった＝悲しい人生』ではないのですね。なぜならこれほど大切なことを教えてくれ、多くの人に希望を灯した人生だったのだから。

兄を含め、これまで看取りに携わらせていただいた方々に、与えられた時間を誠実に精一杯生きてくださり、最期まで全うする生き様を通して、慈愛を教えてくださったことに深く感謝を申し上げます。
またこれまで支えてくださった多くの方々に深く感謝いたします。

余談ですが、実は兄はあれ以来、声を聞かせてくれたことはありません。

私がきっと大丈夫になったからだと自分では思っています。
そして、あの時にもうひとつわかったことがあります。
それは私が持って生まれた寿命より、一年早く旅立つということ（笑）。
それまでは精一杯、自分の人生を生き切ろうと思っています。
次の時代の人達に、命のバトンをしっかり渡せるように。

全ての存在に感謝と祝福を。合掌

再会のさくら

引野明子

ひきの　あきこ
1967年　京都府舞鶴市出身
2004年　京都府京丹後市に嫁いでからヘルパーの勉強をし、介護施設に勤務。
ケアハウス、ヘルパー、小規模多機能居宅介護施設に勤務しながら介護福祉士を取得。その後、心理セラピーの仕事を15年続け2021年、母の死をきっかけに、看取り士になり9月に看取りステーション、10月に京都北部研究室を開所。

SOSと満開の桜

その日、私は、母を助手席に乗せて、病院に送っていくために車を走らせていました。日差しが暖かく、なぜかいつもより景色が美しく見えたのを覚えています。

数時間前、母からSOSの電話がありました。実家に到着した私に、「お母さんの頭はすんでしまった（ぼけてしまった）。もうお父さんのこともできん。施設に入れてほしい」と言いました。

小さい頃から見ていた、気丈でしっかり者の母の面影はありません。

私は、「分かった」とだけ伝え、いつも通院している病院に向かいました。道の途中には、中学校、高校と利用した駅があります。その駅には、見上げるような大きさのとても立派な桜があり、満開の花を咲かせていました。

「お母さん、綺麗な桜やで」

「ほんまに……」

母はうつろな目で桜を見上げていました。

私はその時なぜか、母と桜を見るのは最後になるような気がして、涙があふれてくるのを我慢しながら病院に向かったのです。

母は腎臓に持病があり、ずっと病院に通いながら、食事制限をし、体重のコントロールをしていました。でも、どんどん腎機能が低下して、数か月前から透析が必要になりました。病院の送迎車で実家に迎えに来てもらい、週3回の透析に通いながら、父と生活をしていました。でも、だんだんと認知症のような症状が出てきて、病院のスタッフの方から私に電話が入るようになりました。それが先ほどのＳＯＳの電話だったのです。

ドクターに事情をお話し、「食事指導」という形で入院させてもらいました。

コロナ禍での施設探し

私は、母の顔を見に行きました。ちょうどその頃、コロナ禍で面会もできなくても、母が病院にいてくれることは安心でした。

でも病院からは、退院の時期を決めてほしいと言われましたが、どの施設からも断られました。透析をしている利用者を受け入れた経験がないことなどが理由でした。

「待機者が１００人いるから、どこも入れません」と言われた施設もあります。

そんな時、病院のケアワーカーさんが、施設を紹

介して下さいました。

面会ができない中で、転院の事も母に直接言えませんでした。

転院の日を迎えました。久しぶりに会った母は、家に帰れるものだと思って、とても嬉しそうでした。見送って下さった看護師さん達にも「やっと家に帰れるわ〜。お世話になりました」と挨拶をしていました。

転院を伝えた時の母の悲しそうな顔を今でも思い出します。

母の持病が悪化した時に、病院から今後のことと、延命治療はどうしたいのか？　を聞かれたことがあります。

「いずれは施設に入ってもらいたいと思っています」と母がいる前で伝えましたが、あとで母と2人になった時に、悲しくて涙があふれてきました。

「大切に育ててもらったのにごめんね」

「よいんやで」

一言そう言った母の小さくなった背中を今でも覚えています。

延命治療については、家族で何回も話し合って、しない事は決めていましたが、最後まで母には聞けませんでした。認知症になる前に聞いておけばよかったと今でも思います。

母が最後に入所した施設の駐車場の真ん中に、大きな桜の花があり、優しく迎えてくれているような気がしました。入所したその日から、1カ月に1回のオンライン面会だけが許されました。最初の頃は、新しい環境に慣れず、1日に何回も携帯電話で電話をかけてきたり、帰宅願望が強くて、職員さんを困らせたり、車いすから立ち上がって転倒したり……。家族も母も辛い時期が続きました。

そのうちに携帯の使い方が分からなくなり、職員さんに何度も聞いて迷惑をかけるようになったので、携帯は持ち帰り、車いすから立ち上がらないように拘束する事の同意書にも署名しました。

母の入所施設に通った2時間半の道のりは、かけがえのない宝物になっています。

延命処置をしない決断の時

入所して1年半ほど経った頃、母は、とても穏やかになりました。

それは母であって、母でないような……、そんな気さえしました。質問には答えるけれど、自分から聞くことはなくなっていきました。そして、忘れることが増え、孫の名前も分からなくなっていきました。いつかは、私のことも忘れるかもしれないと思いながら、その時はそれも受け入れようと覚悟しながら病院に向かいました。

「あきちゃん。来てくれたん？」

最後まで私のことは分かっていたようで、その言葉を聞く度に、安心して家に帰れたような気がします。

そして、最期のオンライン面会の時。私はなぜか母に「家族に言いたいことはある？」と聞きました。すると母は、家族一人ひとりに言葉を残してくれました。今となってはそれが遺言になっています。

私が父の偏食の事を相談すると「お母さんな〜家に帰るでな〜。お父さんに言うとくでな」と言いました。その時は認知症の症状なのかと思っていました。でも、私の心の中に不思議な感覚があって、なぜか着物を用意しなきゃって思ったのを覚えています。

忙しい毎日の中ですっかり忘れていたある朝、病院からの電話。

「お母さんの息が止まりそうです。すぐに来て下さい」

私はその時、急がないといけないのに体が動かず、父と妹に電話して、妹にも病院に向かってもらうように伝えました。その数分後に、また施設からの電話。

「多分、もう息が止まると思います。娘さんが来られても間に合わないと思います。延命処置はどうしますか？」

家族で何回も話し合った、処置はしないという決断をお伝えしました。母の命を自分で決めなくてはいけない瞬間でした。

母は病気のデパートと本人がいうくらいたくさんの病気をして体はボロボロでした。そんな母を管で繋ぐことはもうできません。今でもこの判断は正しかったのかと思いますが、家族で背負った決断でした。母も望んでいたことではないかと思っています。

母が旅立った日

施設に到着すると、妹夫婦が先に到着していました。すでに亡くなった母を見て、何も言葉が出ませんでした。母は潔く、一人で旅立っていきました。

小さい時から、とても厳しく怖い母だったので、私は母に愛されていないのではないかという思いを持ったまま大人になりました。跡継ぎでありながら、家を継ぐのが嫌でした。

その母との溝が埋まってきたのは、再婚した後でした。

母の施設へ通う2年間が、母への気持ちを氷解させてくれ、母が大好きだったんだと気づかせてくれました。

コロナ禍で搬送の方が病室までは入れなかったので、施設のスタッフの方達が慣れないストレッチャーに母を乗せて搬送のタクシーまで送って下さいました。あの日もあの施設の桜が見送ってくれました。

家に帰りたいと言いながら帰ることができなかった母の願いを叶えたいと思い、お葬式は家から出しました。実家での家族葬にしたので、母のお友達や村の人達がたくさんお見送りに来て下さいました。母の顔は、亡くなった時から穏やかでしたが、時間が経つごとにどんどん穏やかになっていきました。

「良い顔をしてるね〜」「綺麗な顔だね〜」と皆さんに言ってもらい、きっと嬉しかったのではないかと思います。

若返って夢に現れた母

今年（２０２３年）の３月で母の一周忌がきます。

今は、私も家族も一生懸命やったのだと思えるようになりました。気丈でしっかり者の母らしく、家族に迷惑をかけない逝き方を、母がプロデュースしたのではないかと思います。そんな母を誇りに思うし、その生き方と死に方を尊重したいと思います。

そして、看取り学に出会えたことで、私自身の死生観が変わり、前向きに大切な人の死を受け止めることができるようになり、これで良かった！　と思えるようになりました。

母は亡くなる前に、すべてを見通したようなことを言い、家族に遺言を残し、私と妹が病院に行ける日を選んで旅立ちました。

そこには、人間を超えた神仏の力が働いていたように思いました。母は、旅立ちたいように旅立ったのだと思います。

母のお葬式の日も桜が見送ってくれました。

ゆっくりと火葬場へ向かう道中、棺の中の母に話しかけていました。母と一緒に通る最後の景色をこの目に焼き付けたいと思いました。

小学校、中学校…と思い出深い場所を通り、母と最期に食べた病院の食堂での母の姿を思い出しながら……。

もう少しで火葬場に到着するという時に私の目から涙が次から次にあふれてきました。

私は、もう少しで火葬場だなって思って冷静に思っているのとは裏腹に、どんどん涙があふれてきます。きっと母が泣いているんだと感じました。

決して幸せばかりの人生ではなく、大変なことがたくさんあった人生だったと思います。でも、きっと母は、旅立ちを前に、なごり惜しんでいたのかもしれません。色んな思いと感謝の気持ちがあったのかもしれません。

四十九日が経った頃、母が夢に現れました。20歳くらい若返り、今まで見たことがない綺麗な服を着ていました。若い頃には服飾デザインの学校に通っていたので、本当はおしゃれだったのかもしれません。

父方の祖父母が母を迎えにきていました。父方の祖母（母にとっては姑）は、生きている頃から、自分の息子より母（嫁）のことを信用して、何かと頼っていました。

母は、玄関で靴を履き、私に「ごめんね」と言って出て行きました。きっと、父を残していく事に申し訳ない気持ちがあったのかもしれません。

人生のすべてが看取り

私は看取り士になってから5カ月後に、ステーションを立ち上げました。看取り士を知っていただくために、映画「みとりし」の上映会やみとりカフェを開催しています。

そこでたくさんの方と出会い、色んな思いを聞かせて頂きます。

「大切な家族をちゃんと見送れたのか？」「もっとできることがあったのではないか？」

「もっと早く看取り士のことを知りたかった」といったお話をして下さいます。

「今まで死の事を話せる場所がなかった」「今日は、話せてよかった」と言って下さる方もたくさんいらっしゃいます。

以前の私なら、何かその方の気持ちを元気にするような言葉をお伝えしないといけないのではないかと思っていました。看取り学を学んだ今は、ただ側に寄り添わせて頂くことの大切さを日々学んでいます。私は、看取り士として、まだ学びの途中なのです。

春・桜の時期は、母との再会の時です。毎年、桜の季節が来たら、きっと色んな思いで母を思い出すでしょう。この世で母に会えた嬉しさや、会えない寂しさをその時々で感じるでしょう。でも、それが私にとってのグリーフケアになるのだと思います。

看取りは、親が高齢になった時には、もう始まっています。親の旅立ちまでの葛藤も和解も。親の人生を背負い、希望を持ち、親をどう見送るのかを考えることも、人生のすべてが看取りです。

母と一緒に生きたあの2年間は、小さい頃に手を繋いで歩いた母との時間と繋がっています。母の優しさに守られ、母の厳しさに守られ、私は今も生きています。

お母さん、生んでくれてありがとう。

苦労して育ててくれてありがとう。

死に様を見せてくれてありがとう。

また会える時まで、自分の人生を精一杯生きていきたいと思います。

看取りと「経《たて》糸の豊かさ」

塩尻じゅん

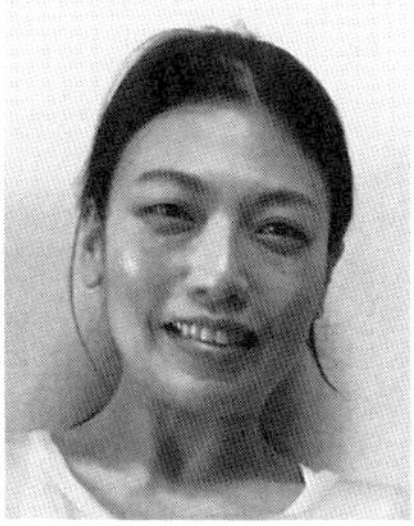

しおじり　じゅん
1974 年、岡山県出身。
日本看取り士会 看取りステーション岡山倉敷「あまね」代表。日本看取り士会 岡山くらしき研修室代表。1996 年に受けた腎臓手術の後遺症からヨガやボディーワークを学びはじめる。2012 年よりヨガや体操を伝え幸齢者様の身体の可能性や「生きる力」に感動の日々を送る。2022 年看取り士認定取得。「プラスの死生観」と「看取り士のシステム」をあまねく伝えるため歩みはじめる。

古民家の同居生活の中で

「じゅんぐりじゃ」

今は亡き義祖母の言葉。今でも忘れられません。わたしはこの言葉になぜか、金縛りに遭ったかのように固まったのを覚えています。どうして、固まってしまったのでしょう？

15年ほど前、わたしが長男の出産と同時に夫の実家で同居を始めた頃でした。夫の家は倉敷市の田舎にあり、兼業農家で家の造りは今で言う古民家。お風呂は築百年の母屋と別棟に設けられた外風呂です。

住宅地の核家族で育ったわたしには田舎での生活も、高齢の人と話すのも、外風呂も、同居生活そのものも何もかもが初めてのことばかりで、毎日戸惑っていたのを思い出します。

長男を初めてこの家で沐浴させようということになり、一緒に暮らし始めた義祖母が外風呂での沐浴を気遣って「作戦」を練ってくれていた時です。

「風呂の段差に気をつけてな」

「ストーブはまだいらんかな」

「沐浴が終わったら（長男を）タオルで受け取ってやろう」

しかし当時のわたしは「おばあさんと話すのはちょっとめんどくさい」と思っていました。高齢の人の話は古い岡山弁で喋るせいかよくわからない。２児の育児、始まった同居生活と、わたしは心に余裕がありません。とりあえず聞いておこう。内心そんな気持ちで「作戦会議」に参加していました。その会議の途中、わたしを見る義祖母の眼差しが急に変わりました。それからゆっくり、しっかりとした口調でこう言いました。

「じゅんぐりじゃ」

「純ちゃんも、そうやって心配されもって風呂に入らせてもらったんで。あんたを風呂に入れてくれたお母さんもそうしてもろうとるんじゃけん。わたしもそうしてもろうた」

ぼんやり話に「付き合ってあげている」つもりでいたわたしは、その言葉の衝撃に固まってしまったのです。今思えばそれがわたしにとって「年配の人の言葉の重みに初めて出逢った体験」でした。その日からわたしは義父母、義祖父の話をよく聞くようになったと思います。

義祖父にもいろんな話を聞かせてもらいました。戦争でどんな任務に就いていたか、牛を引いて耕していた田んぼにトラクターが入った日のこと。部落に電気が通るようになった時のこと。昔の食べ物、なんでも自分で作り、修理すること、人付き合いについてなど……。古い農家ですので納戸を開くと昔の農作業の道具があります。手編みの筵《むしろ》や義祖父よりさらに先代の人たちが使っていた漆器もあります。こうした歴史あるモノたちに触れながら、核家族で育ってきたわたしは生まれて初めて「昔の人はどのように暮らしていたのだろう?」と思いを馳せられるようになりました。

「7世代先の未来を考えて決める」

時は経ち、わたしはご縁でネイティブアメリカンをはじめとする世界の原住民のお話に触れさせていただくことがありました。

そこで感動したのは物語や智慧、歴史が代々、口伝によって語り継がれているということでした。そしてネイティブアメリカンの教えには「七世代先の未来を考えて決める」というものがあると知るようになりました。7世代先が見えているということは、自分たちがこれから7世代前の先祖になるということもわかっているということです。

ほどき布で縫われたモンペ

わたしは着物のほどき布でモンペを作るのが好きで、美しい着物の織物生地を眺めては幸せなきもちになることがあります。そんなある日、自分的大発見をしました。人間の営みや認知、知性には織物のように、見えないものや時間の経過に関する「経糸《たていと》」の次元があるのだ、ということに気づいたのです。

学校で歴史を習ってきたのに、わたしはそのことを全く知らないまま四十路を過ぎてしまっていました。

「経糸の豊かさ」を持っていた昔の人が現代のわたしたちを見るとどう思うでしょう。例えば今を生きるわたしたちはたった100年前のことが想像できません。この100年で人の暮らしが大きく変わったせいもあってか昔の暮らしや人々を身近に考えることをやめているように思います。

今のわたしたちは「昔と今は違うから」という理由をつけて年長者の助言を昔ほど聞かなくなってしまったのではないでしょうか。そうなると年長者、さらには先祖がなにを思ってどのように生きていたか考えなくなります。だから自分たちがあっという間に短い生を終え、良い行いをしていればいつの日か自らが「ご先祖様」と呼んでもらえる日が来る、そんな時間の流れが想像できなくなっているのではないでしょうか。

着物が織物にもどる

自分たちがどこからきて、どこへ行くのか誰にも知らされず、考えさせられないまま地球のどこまでも旅をし、多くの人と関わり、学問を修め、情報を得て、刹那の満足を味わい続け、「なにも知らないまま」一生を終える。

「経糸の豊かさ」をもつ昔の人の目には現代の人たちがこのように映るのだとしたら。そう考えると現代の豊かさは想像力を欠いた「緯糸《よこ》の豊かさ」だと言えないでしょうか。

かつて長年にわたり精神科を受診してきたわたしが常に感じていた「虚ろさ」や「不安」は、わたしが「緯糸の世界でしか生きてこなかった」ことがその理由のひとつになっているのではないだろうかと、だんだん考えるようになりました。自分のルーツ、経糸を感じられるということはヒトにとって根源的な幸せなのかもしれません。このようにして古い農家での暮らしや、義祖父・義祖母との交流、原住民の智慧に触れる体験によって「経糸の豊かさ」に出会わせていただきました。

「プラスの死生観」に救われる

そんな頃にご縁あって出会ったのが、日本看取り士会と柴田久美子会長です。

会長の著書を読みながら「会長は人の死の現場の話を伝えているというのに、わたしの心がこんなにも満たされ、落ち着くのはなぜだろう?」そんなふうに思う日々を過ごしていました。それからまもなく日本看取り士会の運営する「ももたろう食堂」に飛び込んでいました。柴田久美子という一人の女性としての魅力に惹かれたのは当然でしたが、「看取り士」にどうしてこんなにも惹かれるのか？　なぜ「ももたろう食堂」に飛び込んだのか？　それをずっと説明できないまま日々が過ぎていました。

看取り学を学ばせていただき看取り士となった今ではこれを説明できるようになりました。まず、日本看取り士会が伝える看取りの温かさとやさしさ、そして「プラスの死生観」に自分自身が救われたということです。看取り士は「全てを肯定し受け入れること」を学びます。人の死を、命のバトンを受け渡す尊い場面として大切にします。そして旅立つかたを近しいかたが抱きしめて、ぬくもりの中でお見送りできるよう寄り添わせていただきます。

この「プラスの死生観」を学び続ける中で、わたし自身の最期の場面も光に溢れた尊いものなのだ、と理解できるようになりました。老いて病み、死にゆく自分ですら肯定され、受け入れられるとわかったとき、わたしは自分を丸ごと肯定し受け入れてもらえたような温かさを胸の中に感じました。そして日々の暮らしで目にするものすべてが、何故だか輝いて見えるようになりました。

「人生のたとえ99％が不幸でも、最後の1％が幸せならその人の人生は幸せなものに変わる」

看取り士会の柴田久美子会長が尊敬するマザーテレサのこの言葉をわたしは何度も思い出します。これは、旅立たれる誰かの話であると同時に、自分自身の話だったのだと後になってわかりました。

「幸齢者さま」の教えをじゅんぐりに

わたしが「看取り士」に惹きつけられたもう一つの理由は、「命のバトンリレー」について知ることができたということです。わたしたち人間は旅立つ人を抱きしめて看取り、その人の魂のエネルギーを受け取る。そうして受け取った魂のエネルギーに自分のエネルギーを重ねながら生き続け、それを渡す。そのことを代々繰り返すことによってわたしたちは進化を遂げてきたというこの「命のバトンリレー」のお話。この死生観に触れたことで、看取り士が伝える看取りのプロセスは、先ほど出てきた「経糸の豊かさ」を人間社会が取り戻すための大切な手段だったのだと心の底から理解しました。「命のバトンリレー」はまさに、人間の「タテ」の営みです。わたしは「看取り士」にますます惹きつけられるようになりました。

「経糸と緯糸が織りなすこころ豊かな人間社会」はきっと生きやすく、優しい社会だと思います。わたしは看取り士の活動を通して例え微力であってもそんな社会づくりが出来たらと思います。

義祖母は「じゅんぐりじゃ」と言って、わたしに人の営みは代々繰り返され引き継がれるものだということを教えてくれました。大切なことを伝えてくれた義祖母は、わたしが初めての出産を終えた時、だれよりもわたしを労い、讃えてくれたことを思い出します。

「大変じゃったろう。よう頑張ったなあ。偉いなあ。」

とても嬉しかった。「命のバトンリレー」について学んでからは「人の営みは代々続くもの」という命に対する喜びの目線が年長者にあることを知りました。

年長者は「経糸の豊かさ」をわたしたち若い世代に教えてくださいます。

柴田会長は高齢者のことを「幸齢者さま」と呼びます。幸せな時を重ねてきてこられた方という意味です。わたしは人生を見渡す目線を持つ「幸齢者さま」から幸せを教えてもらいながら自らも「幸齢者」になれるよう暮らしていこうと思います。

じゅんぐりに生まれたわたしたちはじゅんぐりに湯船に浸けてもらい、湯船に浸けてやる。それと同じようにじゅんぐりに看取り、看取られる。誰もがそんな壮大で美しい経糸の中にいるのだと思うと、今日生きていること、誰かと会えることに感謝せずにいられなくなります。看取り士として歩み始めたわたしは、このことを教えてくれた義祖母に日々合掌を贈ります。おばあさん、ありがとうございます。

死と向き合うことで見えたこと

当山なつみ

とうやま　なつみ
1985年、沖縄県読谷村出身。

沖縄県立開邦高等学校 芸術科 音楽コース 16期生。

渡米して音楽療法を学ぶが、うつ病を発症して強制帰国。結婚・出産・離婚を経て、命の尊さに改めて気付かされる。30歳で夜間部の専門学校に入学し、3人の子どもたちを連れて通学。33歳で作業療法士の国家試験に合格。常に挑戦し続けている。

natsumi.mitorishi@gmail.com

エンゼルセットとは？

「死亡退院三人でーす」

「はーい」

朝礼の申し送りに衝撃を受けたのは、作業療法士の臨床実習でのことでした。精神科の終末期病院で三ヶ月間の実習、事務的に伝えられる「死亡退院」という言葉に、初めはとても驚きました。けれど、他の職員が大したことではないという態度をとっているように見え、いつしか私もその言葉と感情とを切り離すようになっていました。毎日死亡退院の申し送りを受け、霊安室の隣にある食堂で昼食を食べ、「人が死ぬ」ということに関して、仕方がないことだと諦めに似た感情を抱いていました。

そんな私の最初の就職先が、訪問看護ステーションでした。利用者さんのお宅や施設に訪問して、身体機能の改善や維持を目的としてリハビリを提供する。小さなお子さんや、高齢の方、若いけれど難病などで余命宣告をされている方など、幅広い年齢や状態の方がいました。

ある日、一人の看護師が「エンゼルセット持って行きます！」と言って訪問先へ行かれました。当時の私はその意味がわからず、なんだか可愛らしいセットでも持っていくのかなーなんて見当違いのことを考えていました。

エンゼルセットとは、利用者さんが息を引き取った後に必要なもの。つまり、死後処置と死化粧を行うための道具だったのです。名前とは違った生々しいそのセットに、私は少し興味を持ったのです。

そんな中で、上司から「当山さんも、そろそろ同行して、看取り期の利用者さん宅に訪問してみるといいよ」と言われました。実習時代に経験したことを思い出しながらも、自宅や施設にいる方の死に対してどのように対応していくのか、非常に興味が湧きました。

とはいえ、なかなか看取り期の方を担当する機会が得られないまま、時が過ぎていきました。上司は何を思って、私に看取り期への介入を勧めてくれたのか、わからないままの状態が続きました。

シベリア抑留も乗り越えた祖父

そんな私に入った母からの相談。

「じいちゃんがそろそろ危ないかもしれないって言われたんだけど、どうしたらいいと思う?」

じいちゃんとは私の母方の祖父で、戦争で遠征し、シベリア抑留を経て、沖縄に帰ってきた人でした。筋骨隆々で力が強く、盛り上げ上手で、いつも歌を歌っていました。シベリアで仲間が次々と死んでいく中、「絶対に日本に帰ろう」と歌で仲間を鼓舞してきた人なのです。

そんな祖父が亡くなりそうだなんて、信じられませんでした。元気な祖父の記憶ばかりを見ていて、状態が変化している祖父を直視できずにいたのです。

屈強な肉体を持った祖父は、アルツハイマー型認知症が進み、徘徊することが多くなっていました。特に夜中に不眠から不穏、動き回ることがあり、同居している叔母を含む家族だけでは対応が難しくなり、施設へ入ってもらうことになりました。

九十九歳にしてベッド柵と離床マットを飛び越えて動き回る祖父は、そのパワフルさが祖父らしいなと、可愛らしくすらありました。そして、こんなに動いているのに死が近いわけがない、と思いました。そう思い込みたかったのだと思います。

数日後、出勤したばかりの私に、母から電話がかかってきました。

「じいちゃんの容体が悪化している。別室に移動して、家族に連絡してって言われた。みんなにも連絡して、集まってもらってる。なつみも来れる？」

上司に相談するとすぐに許可がおり、数分の勤務で退勤し、祖父のいる施設へ向かいました。

「間に合わないかもしれない。間に合ってほしい」

車のハンドルを握る手に、力がこもりました。間に合え、間に合え、間に合え……！


「じいちゃん、ありがとう」

施設に着くと、そこにはすでに親戚がたくさん集まっていました。祖父は呼吸をしていて、みんなが「ありがとうね」と声をかけながら手や足をさすっていました。私も足をさすりながら「じいちゃん、ありがとう」と言い、自然に涙がこぼれ落ちました。ベッドの横の機械に、祖父の血圧と血中酸素飽和度が表示されており、ある数字を下回ると警告音が鳴ります。その音を聞く度に不安になってしまい、呼びかける声やさする手にも力が入りました。

一日でも長く生きてほしい。でも、苦しみながら生き長らえるという事はしてほしくない。葛藤の中、私たちは何時間も触れて、声をかけて、ありがとうを伝えました。

少しずつ低下していく数値、鳴り響く警告音、そして……ピーと音がして、機械の数字がとうとうゼロになりました。

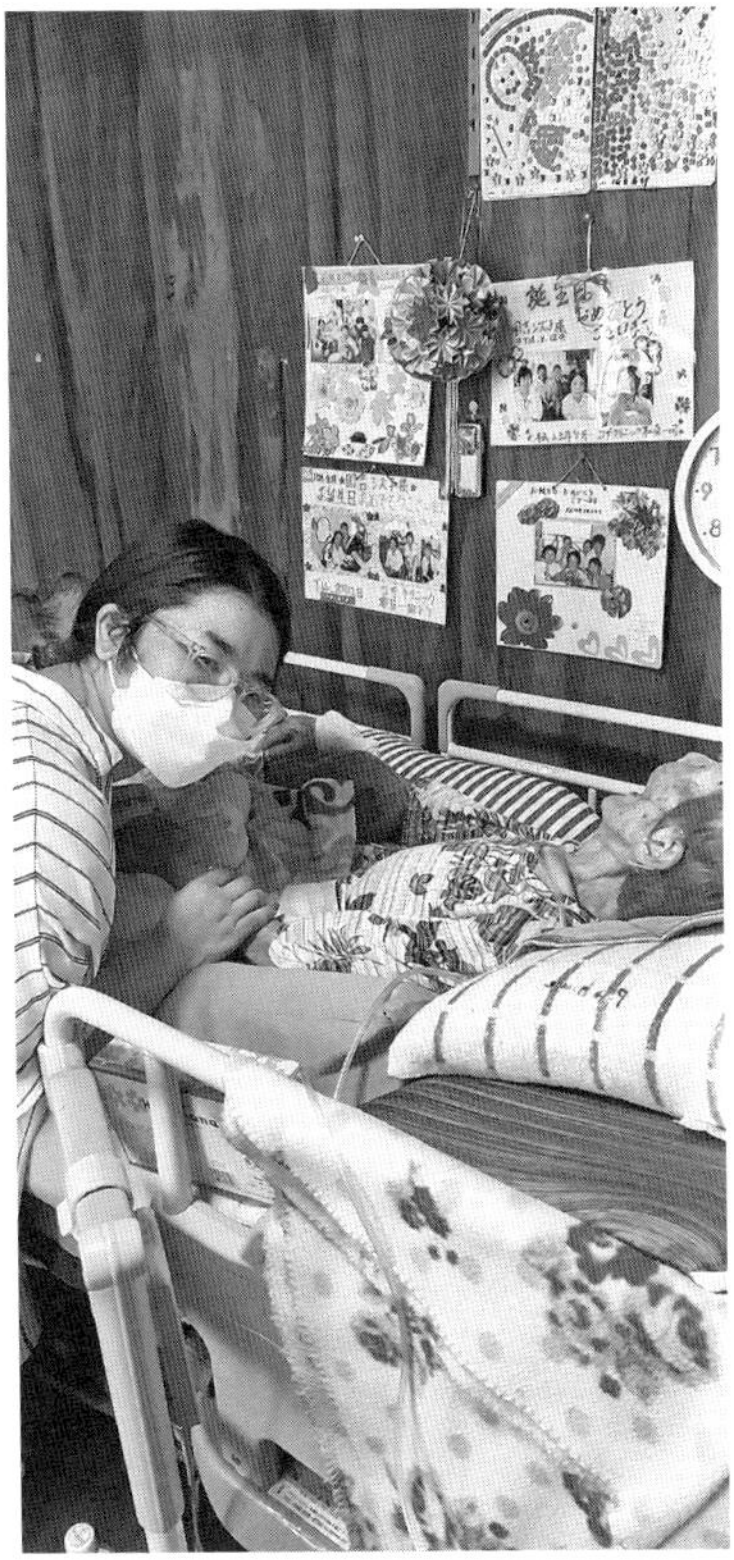

施設の方がすぐに機械の音を止めてくれ、主治医に連絡をしてくれました。私たちはその後もずっと「じいちゃん、ありがとう。ありがとうね」と声をかけて、触れ続けました。

私の目からは、ポロポロと涙がこぼれていました。今までは何となく避けていた「死」を直視し、言葉では言い表せられない感情が、涙という形で現れたのだと思います。

そんな私に、ずっと祖父や私たち家族を支えてくれていた看護師が「エンゼルケア、一緒にやろうか」と、声をかけてくれました。

私が訪問看護ステーションに勤めているという話をしていたので、私の経験として、祖父の死後処置を一緒にやろうと提案してくれたのだと思います。もちろん、すぐに「はい」と返事をしました。ちょうどそのとき、看護師になったばかりの従妹がたどり着き、「間に合わなかった」と肩を落としていました。

看護師さんは彼女にもエンゼルケアに入ってくれるよう提案し、私と一緒に祖父の死後処置を行いました。

詰め物をし、身体を拭いて着替えをさせて、髭を剃ってあげながら、なんて穏やかな尊い時間なのだろう、と思いました。祖父が亡くなったことは悲しいけれど、不幸ではありませんでした。

スキルだけではない看取りの奥深さ

祖父のエンゼルケアを経験したことで、私のなかの死生観に変化が起こりました。怖いもの・寂しいものである死、無関心を装う死。命は大事だと分かりつつも、何もかも投げ出してあえて選びたくなる死。

死という言葉そのものが変わったわけではないけれど、私の中に、死をどう捉えるかという引き出しが増えてきました。

私なりに死と向き合うには、ナースではなくリハビリ職でもできる関わりは…と最初に探していた講座が、遺体感染管理士というエンゼルケアのプロになる講座でした。

祖父のエンゼルケアをしたとき、私はゆっくりと祖父と触れ合うことによって、祖父の温かさを感じ、目の前にいる祖父の死を大切に受け止めることができました。だからこそ、私一人でもエンゼルケアができるようになりたい、そう思いました。そして受講した講座も、とても有益でスキルアップできるものでした。

実はその講座は、東京でしか行われていなかったのです。沖縄在住の私は、飛行機で東京へ行きました。そして、せっかく東京まで行ったのなら、それ以外にももっと何かを吸収して帰りたいと思いました。

そう思ってインターネットで探しているときに、目の前に「看取り学講座」というイベントが出て来たんです。詳しいことはよくわからないけれど、なんだかすごく受講してみたい気持ちが湧いてきました。そんなふわっとした気持ちで、横浜にて初級・中級コースを受講しました。

講座を受講している中で、祖父の死の際に体験したことが題材となっていたり、今まで全く考えたことのなかった「胎内」という言葉と感覚が出てきたり、死と向き合うというのはスキルだけでなく、目の前の人の人生を丁寧に扱わせていただくことなのだと感じました。

看取り学の奥深さに触れた私は、沖縄にいながら通信コースにて上級講座を受講し、晴れて認定看取り士となりました。すぐに看取り士としての仕事があったわけではありませんが、作業療法士として看取り期の利用者さんの担当をさせてもらう機会が増えました。丁寧に関わることで、利用者さんとそのご家族に、安心できる時間を提供させていただきました。

心穏やかに祖母との最期の時間

そんな私に、「看取り士」としての役目が回ってきたのは、認定看取り士になって二年目、母方の祖母の旅立ちでした。

エネルギッシュだった祖父とは正反対で、我慢強く控えめな祖母。パーキンソン病が進行し、だんだんと行動できる範囲が少なくなり、ついには家の中での生活しかできない状態になっていました。

「ばぁちゃんは家が好きだよね」「でも、不安だし心配」「施設ならスタッフが見てくれているから」と、家族の話し合いで、施設入居の方向に話が進んでいきました。でも…本当にみんながその方がいいと思っているのだろうか？　そう思った私は、母に問いました。

「本当はどうしたいと思っているの？」

母は「やっぱり、母ちゃんは今まで過ごしてきたお家にいたいと思う」と言い、兄弟姉妹に連絡をしました。すると、みんなも「実は私もそう思っていた」「お家がいいよね」「だけど不安なんだよね」

みんなの気持ちが一緒になった瞬間でした。そしてここから、私は孫であると共に看取り士であるという意識で関わりました。

家族の不安を和らげるために、私は数日間、祖母の家で過ごしていました。家族に様子を知らせ、相談に乗りました。みんなそれぞれに仕事があり、ずっと祖母に付き添えないことが、大きな不安要因だったのです。独立準備をしていた私は時間の融通が効くこともあり、孫として看取り士として祖母との時間を過ごし、みんなが安心できるよう心がけました。

機械につながっていないから数値がわからないから怖い。そんな家族の不安を受け止め、旅立ちに向

祖母が作った人形と、葬儀でいただいたお花

けてどういう変化が起こってくるのかを説明し、家族が心穏やかに祖母との最期の時間を過ごせるよう、できる限りのことをさせてもらいました。

祖母は不穏な様子になることもなく、ゆっくりゆっくりと穏やかに過ごしていました。高級なシャインマスカットをひとかじりしたことを最後に、数日間眠るように過ごし、そっと息を引き取りました。

「なっちゃんがいたから心強かったよ、ありがとう」

そう言ってもらい、改めて看取り士という存在が旅立つ人にも、見送る人にも、頼れる存在となるのだなと実感しました。

夢で母から最後の贈り物
——奇跡と感謝

小林美奈子

こばやし　みなこ
1961 年　東京都生まれ
2022 年　日本看取り士会認定看取り士
看護師として、総合病院、大学病院、精神科病院勤務後に様々な経験を積んだ後、
看護学の大学教員になる。
現在は茨城県と岐阜の 2 拠点生活
日本保健医療大学看護学科教授
m-kobayashi@jhsu.ac.jp

夢で母と会った奇跡と感謝

母の死の10日前、腰と背中がひどく痛み、睡眠不足が続いていました。

ある夜中、眠れない私に白い服を着た母が現れました。母は私の頭頂部をトントンと優しくたたき、腰をさすってくれました。私は「腰の痛みがとれて歩けるわ」と言いました。

母の手招きで川に連れて行かれました。穏やかで透き通った川のほとりに立つと、向こう岸には白い服を着た父親がいました。父と母はその場からすっと消えてしまいました。そして、私は目が覚めました。夢だったんだ。

布団からすっと立ちあがると腰の痛みが取れて普通に歩けるし、身体が軽くなっていました。夢の中で母に触れられたことで痛みが和らいだ気がしました。後で調べてみると、「幸せホルモン」と呼ばれるオキシトシンが分泌されることで痛みが軽減される可能性があることを知りました。母が私の体調を気遣い手当してくれたことへの感謝と同時に会ってお礼を伝えられない悲しみで胸が一杯になりました。

私の夢を通し最後の別れになることを周囲に知らせるよう、尋ねて来てくれたと感じました。それが母の最期の意向であるならば、息のあるうちに母に会いたがっている人に知らせ、お別れをしてもらいたいと思いました。しかし、新型コロナウイルスの「第8波」の感染拡大で、入院患者との面会を再び制限されていました。私は母に会えないことに悲しく、焦りました。でも、奇跡が起こりました。早く家族と面会するよう医師から許可が出たと携帯電話に連絡がありました。

私は母の病室に入ることができました。病室は暖かかったが母の身体は冷蔵庫にいたかの様に冷たくなっており、電気毛布ですっぽり包まれていました。血圧も低く、もう予後は日の単位だったことを悟りました。

私は母の耳元で「夕べ夢の中に来てくれたよね。腰の痛みがとれたよ。お父さんも一緒だったよ」と言いました。すると、母の瞼が動いたのです。私は「お母さんの娘であって、私はとても幸せだったよ、皆に知らせるからもう少しがんばって」と言いました。

母は遠方にいる娘と孫、ひ孫と親族に会うことができました。その夜のことです。寝つきが悪い私は、「ちょっと、ちょっと、ちょっと」と呼ぶ母の声や匂いの気配で朝方に目が覚めま

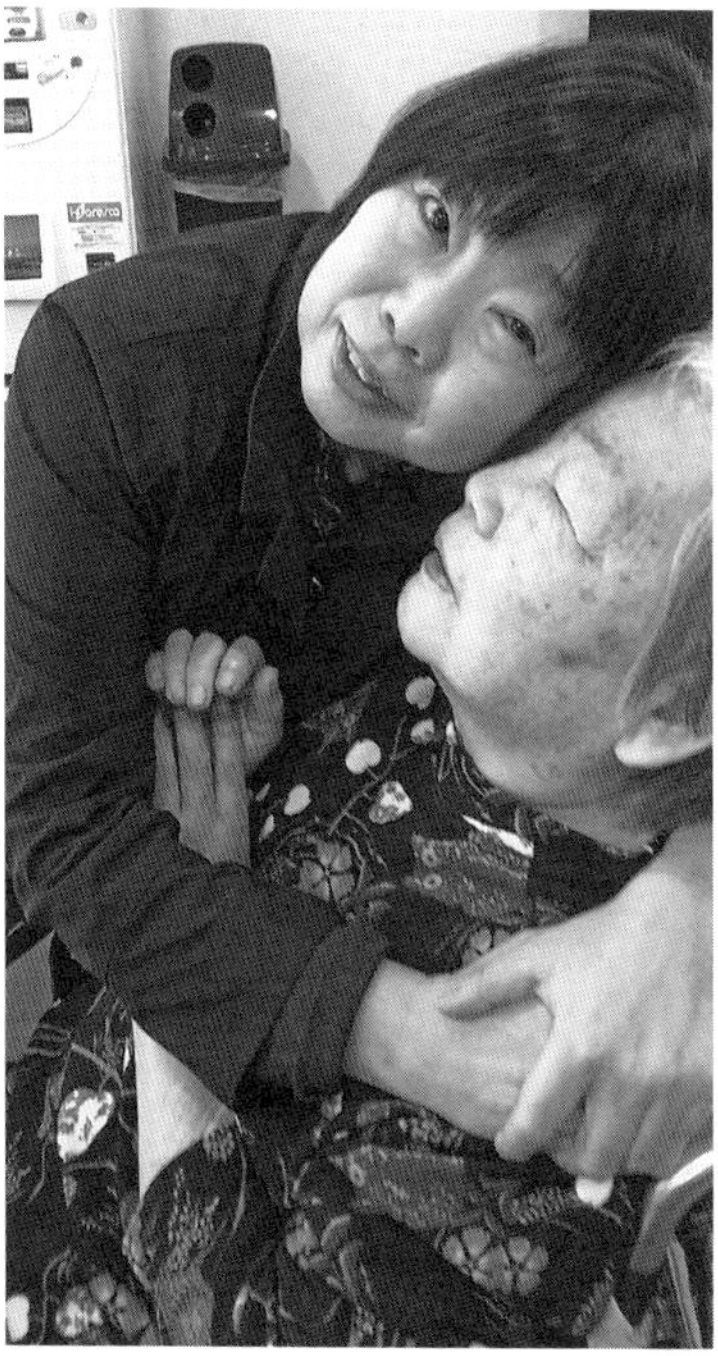

母と面会時はいつも抱きしめて

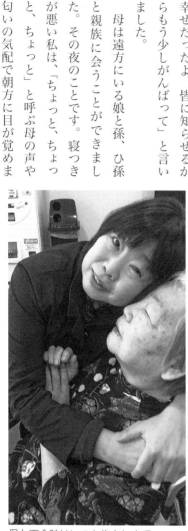

した。とうとうこの世を去るお別れの知らせが来たのだと確信しました。その数時間後に息を引き取ったと病院から連絡がありました。

母への手紙、母からのお返しは愛の光

私は看護師として、人生の最後の瞬間に立ち会うことがありました。しかしコロナ禍で面会制限のため、母の最期には立ち会うことができませんでした。

母が亡くなったと聞いたとき、私は悲しみと無力感に打ちひしがれ、葬儀場で遺体を消毒された後にやっと対面できました。しかし、納棺前のほんの数十分でした。私はその時間を無駄にしたくありませんでした。

私は看取り士会の胎内体感研修で書いた母への手紙を持っていました。この研修は、自分が母のお腹の中にいたころを想像し、母への感謝や愛情を伝える手紙を書くものです。

この研修は、自分自身の出生や死に向き合うことで、看取り士としての心構えやスキルを高めることを目的としています。私はこの手紙を母に読み聞かせたかったのです。母に触れることもできなかったからです。そして、母に伝えたいことがたくさんあったからです。

親族に了解を得て、私は母と二人きりになりました。私は遺体となった母の枕元で、手紙を読み始めました。私は母と一緒に過ごした幼い頃の思い出や、母から学んだことや受けたことを思

い出しました。私は母に感謝し、愛していただきありがとうと言いました。

手紙を読みながら、私は涙が溢れてきました。母と私を取り囲むように、親族達も集まってきました。母とのかけがえのない思い出や、幼い頃に一緒に暮らしていた犬や猫の愛しいペット達の姿が蘇って涙が溢れていました。気づくと皆も手紙の内容に共感し、笑ったり泣いたりしました。母を想う気持ちを皆と分かち合えて嬉しかったです。母の周りには、懐かしさと悲しさと愛があふれていました。

母が見せた最後の笑顔は「光顔」

手紙を読み終わる頃には、不思議な現象について親族が口々に言いました。

「お母さんの顔が緩んで笑顔になったよ」

「お母さんのからだから光が出ているみたいだね」

私も母の表情を覗いて見てみると、緊張した表情からリラックスした表情に変化していました。私は驚きましたが、

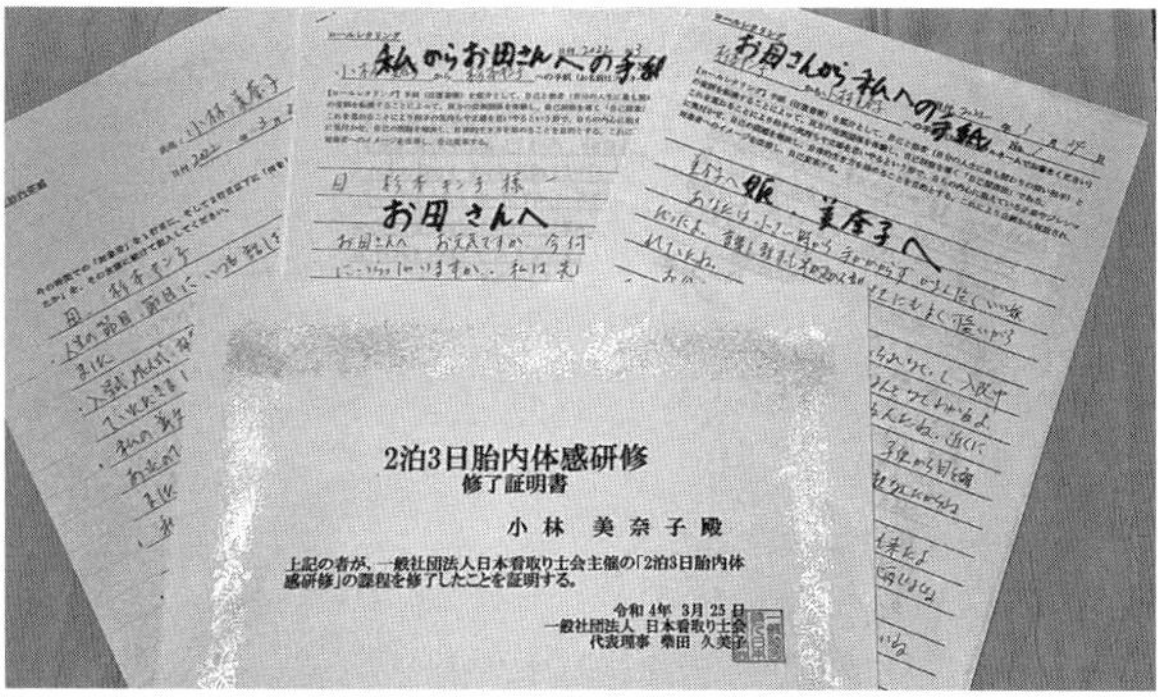

母と私の手紙のやりとり

同時に安心しました。母の顔は穏やかで優しく、ピカピカと光っていました。

皆で、「お母さんてこんなにきれいな顔だったかな」「来た時よりきれいになったね」と言って、優しく母の頭髪から顔と全身に触れて、さよならを言いました。

その時、私は幸せな気分になりました。母が私達に笑顔を見せてくれたことに感動しました。葬儀で幸せな気分になるなんて変だと思うかもしれませんが、正直にそう感じました。母は亡くなった後も最期まで私達に愛情をそそいでくれていると思いました。

私は胎内体感研修で手紙を書く機会が与えられ、親族に聞いてもらえてよかったと思います。母への感謝や愛情を伝えることができましたし、親族とも母の思い出を共有することができました。母からも最期の贈り物をもらいました。私はこの手紙を一生大切にしようと誓いました。

葬儀後にお坊さんから「光顔」と母の法名に名づけた由来をお聞きしました。それは、母の顔が笑顔で周りの人を照らすように光って見えたことからだと聞きました。お坊さんは、それは母が私達に見せた最後の笑顔だと言いました。私はその言葉に心が温まりました。母は私達に最後まで幸せを与えてくれたのです。

会津魂「ならぬことはならぬものです」

母はアルツハイマー病で亡くなりました。その5年間の闘病の過程で、私は老いと死の意味を学びました。母は会津魂の人で、一度決めたことは変えませんでした。

私は子どものころから、そんな母に合わせられませんでした。病気になっても、母は薬やリハビリに取り組みました。私は母が回復すると期待していましたが、病気は医学書の典型例の通りに容赦なく進行しました。私は悲しみに打ちひしがれましたが、母の笑顔や口調が時々見えて、それは姉妹でも癒しになりました。

母の笑顔は天使のようで、幻覚や妄想から怒りへの感情を表すときの母固有の口調や表情は、健康だったころの面影を思い出させてくれました。母の病気は、老いの無常を教えてくれた最後の教えだと思います。

母は私に「ならぬことはならぬものです」という会津魂の頑固でぶれない考えを身をもって教えてくれました。私はこの母の病みの軌跡から、人生の無常について、死をもって教えてもらったと思います。

臨終コンプレックスを抱えたまま

私は新人看護師として、初めて終末期患者さんを看取りました。その患者さんは末期がんで、妻と息子に会いたがっていました。しかし、彼らが病室に駆け付ける前に、彼は息を引き取ってしまいました。私は彼らの悲しみに胸が痛みましたが、同時に自分の無力さや後悔に苦しみました。

私はその日から、病院での看取りについて考えるようになりました。治療が終わった患者さんや家族にとって、満足の行く看取りとは何なのか。看取りとは誰のためなのか。看取りとはどうあるべきか。私はこれらの問いに答えを見つけられませんでした。ある日看取り士という資格を知りました。看取り士は、死にゆく人やその家族を納骨までも支える専門家です。私は家族が最期の瞬間に間に合わなかったことをずっと悔やんでいました。私は臨終コンプレックスという日本特有の現象に陥っていたのです。

臨終コンプレックスとは、最期に愛する人と一緒にいられなかったことや、愛する人から最期の言葉を聞けなかったことに対する罪悪感や後悔です。当時はその言葉も知らず、自分の気持ちを誰にも話せませんでした。

私は心の奥にその思いを封印して過ごしていました。私は看取り学を学ぶことで自分の気持ちを癒し、他の人を支援する専門家である看取り士になりたいと思いました。

娘と看取り士との葛藤

看取り士は旅立つ人を看取る人で、本人や家族・医師と相談しながらターミナルから納棺まで寄り添い、本人が尊厳ある死を迎えられるようプロデュースする仕事です。しかし、自分の母が亡くなるときは、看取り士としてではなく、ただの娘として対応しました。その経験から、母の最期について、そして看取り士としての想いについて書きたいと思います。

母は令和5年に亡くなりました。その1年以上前から、延命処置を受けていました。母は延命処置を望まなかったのですが、私達家族は延命を望みました。私は看取り士として、本人の意思を尊重するべきだと思っていましたが、娘としては母に長く生きてほしかったのです。母の思い、そして娘と看取り士との葛藤に苦しみましたが、自分の気持ちに従いました。

母が旅立った年は、母の母親である私達の祖母の17回忌、私の父の33回忌、私の義父母の13回忌でした。ご先祖様となったこの5人は、私にとってかけがえのない家族でした。5人は宗教も別々でしたが、法事の年が同じだったのです。これは偶然なのか、それとも何か意味があるのか。私は不思議に思いましたが、同時に運命的なつながりを感じました。5人は私を見守ってくれているのだと信じています。

今回の母の旅立ちから納骨までを通し、臨終には立ち会えなかったけれど、しっかりと看取りができたという実感から臨終コンプレックスを克服することもできました。母は1年以上も生きてくれたおかげで、私達家族や友人たちと多くの思い出を作ることができました。その思い出は私の心に深く刻まれています。

「桃太郎食堂」で感じた地域貢献

私は、日本看取り士会が主催する「こども・おとな食堂」にボランティアとして参加しました。この食堂は、桃太郎食堂と言い、地域の人々が集まって安価で栄養のある食事や温かな団らんを提供する場所です。

私が訪れた理由は、看取り士会の活動に興味を持ったからです。コロナ禍の外出制限の厳しい状況でどうやって継続してきたのか、また本当にそういう場所があるのか知りたかったからです。そして食堂を運営する人達やお客さんとも触れ合ってみたいという感情が生まれたからです。

この食堂は、毎週土曜日に看取り士会本部の事務所で開かれています。誰でも気軽に立ち寄って食事やお茶ができる場所です。この食堂の目的は、地域との繋がりを作る場所で、貧困の子どもに安価に食事を提供する、全国展開されている「こども食堂」ではありません。そのため、無償ボランティアと行政からの支援は受けずに看取り士会からの寄付とクラウドファンディングによる資金調達で運営されています

「こんにちは、本日の看取りボランティアの小林です」と自己紹介すると、「はい、いらっしゃい」とエプロンで調理していた柴田氏に出迎えられました。彼女は死にゆく人やその家族を支える専

門家として、多くの活動で忙しく動き回っておられる方ですが、疲れた顔はしません。来る人には笑顔で話しかけ、優しく気にかけてくれます。揚げ物や野菜の煮物、カレーなど、手作りの温かい食事が準備されていました。そして、楽しそうな会話の声が聞こえてきました。

私は柴田氏と他のボランティアと一緒に食器を洗ったり配膳しながら、食堂に訪れる方々と自然に交流することができました。近所の仲良しのご婦人さんがおしゃべりしながらコロッケやサラダを楽しんでいました。プロの元板前さんが包丁を研いでくれました。役所の人と思われる人と高齢者が地域の問題について話していました。

地域の集まりから来た僧侶が、看取りがあった家族の近況を看取り士に話していました。手作りケーキを持ってきた看取り士ボランティアや、自家菜園の野菜を届けた近所の方など、いろいろな人が次々と訪ねてきました。

桃太郎食堂では、日本看取り士会やエンゼルボランティアも参加して、看取り士に

子ども食堂支援カレー

関する情報や相談を提供しています。さらに、子育て中の母親や孫の世話をしているご年配者など、老若男女が自然に交流することができます。

この食堂の活動は、大工や板前などの地域の人々が自分の得意なことで提供するボランティアで運営されており、まるで親戚の家に来たような和やかな雰囲気が作り出されています。私は看取り士会がほんの十年足らずで地域に根付いている奇跡と地域からの信頼を実際に確認することができ、誇らしい気持ちになりました。

地域コミュニティを支える看取りの文化

人は皆、老いと死という避けられない現実に直面します。自分や大切な人が死ぬとき、どうすればいいか悩むこともあるでしょう。死ぬときには、痛みや苦しみを和らげる医療や、不安や恐れを軽減する心のケアが必要です。看取りは生きることの延長線上にあります。旅立つ人だけでなく、

近隣の保育園児が作った野菜の肉みそ炒め

残された家族や周囲にも影響を与えます。専門家だけでなく、ただそばにいてくれる人や手を握ってくれる人も必要です。しかし、看取りの場面は恐ろしく感じたり、どう接したら良いかわからなかったりすることも多いでしょう。

そんな時に必要なのは、看取りの知識を持ちつつも家族や友人のように支えてくれる人です。日本看取り士会では、看取り学に基づいたエンゼルボランティアという無償見守りボランティアを育成しています。エンゼルボランティアは、家族だけでなく地域の人々が協力して、旅立つ人の最期を穏やかに見守ることを目指しています。

私は日本看取り士会が運営する桃太郎食堂という場を実際に訪れて感動しました。ここは看取りが必要とされる人たちとその家族や支援者が集まるだけでなく、安価でおいしい食事や楽しい会話を楽しめる場所です。また、看取り士会のメンバーが看取りに関する相談や講座を行ったり、ボラン

柴田会長の講演で佐藤さん（左端）と中屋敷さん（右端）

ティア活動をしたりしています。

このような交流の場は、いざ看取りが必要となったとき、顔なじみの関係ができ、地域の人たちで支え合える人間関係の土壌が形成される場だと思いました。これはまさに地域に根ざしたコミュニティであり、「看取りの文化」とも言えるでしょう。現代社会に希薄になってしまった心温まるコミュニティが、他の地域にも広がることを切に願います。

私は看取り士として多くの先輩や仲間に恵まれています。特に、看取りケアを提供する看取りステーションの人たちは私の尊敬する人物です。私はその方達の活動を応援したり支援したりすることで、自分も学びたいと思っています。また、私は看護教育者として、看取り士やエンゼルボランディアの育成にも携わりたいと思っています。

私はこのような役割を果たすことで、看取り士の理解や関心を広げることに貢献できたら光栄です。そして、私は皆さんにも、看取り士の大切さや魅力を知っていただきたいと思っています。ぜひ、私たちと一緒に、看取り士の活動に参加してみませんか。

人生はすべてが必然

門井孝子

かどい　たかこ
幼稚園教諭・保育士免許取得後、幼児教育に４年間従事。のち学生時代に保育実習で出会った介護が必要な方々が忘れられずに、介護福祉士・介護支援専門員を取得し介護の世界に転職、重症心身障がい児者、小児慢性疾患、難病等様々な病気を抱えた方々の介護を四十年。　その後に、看取り士柴田久美子会長と出逢い、臨命終時の深さに触れた。現在は看取りの出来る介護者養成と　看取り士拡大のため千葉県内の看取り士メンバーと共に活動中。

両親との別れ

父が70歳を過ぎたころ「墓が出来たから見にこい」と呼ばれました。

お酒が大好きな父は上機嫌で
「入るところが出来たからこれで安心した、でもよう自分で入れねぇから、お前らがな、家に来て、おれがここに突っ伏していたら焼いて墓に入れてくれ」

「1万5000円で焼けるから置いとくよ」

何を馬鹿なことを言っているのかと思いました。しかし、父さんらしい　とも。

それ以来、帰省のたびに【最期の時】計画会義。食事をしながら、酒を酌み交わしながら、いつも自然に話が始まり、互いに聞きたいことや言いたいことを出し尽くした様に思います。

平成29年　4月27日　母
同　　年　10月17日　父

最愛の両親との別れは、昨年（2022年）七回忌でした。

生涯悔いても時間は戻らない

父も母も大病を患った経験があり、80歳を越えてこうして居られることがありがたい。そう言いながら過ごしていました。

体調を崩した母は療養病床にお世話になりそれを機に、私は仕事を辞めました。

いつものように面会に行った時、母は微熱で食欲も無い状態でした。何となく今までと違う様子に今夜は一緒にいたいと思い、朝までの付き添いを申し出ました。

しかし、今日は婦長が不在の為許可が下りないとの事、仕方なく母が就寝するまで傍で過ごした。夜勤看護師に、母の容態が心配と告げると、

「今夜は私が居るから大丈夫、キット……皆さん避けるのよ！」と言われた。

母がいつも名札を指差し名前を読んでは、慕っていた看護師さんでした。

父と母

「明日は早めに来ます、お願いします」

19時、私はそう挨拶して病院を後にしました。

母の傍を離れてわずか1時間という時、携帯のベル。

「○○病院です。ごめんなさい」

その一言で私は、全ての状況が解りました。

「すぐ向かいます」

私が病院に着いた時には、母はすでに息を引き取った後でした。

なんで、どうして、いつも具合が悪くなると、連絡なんて無くてもテレパシーの様にいつだってどこに居ても、かあさんの傍に駆けつけていたのに！　なぜ私が居なくなってからなの？

身体はまだ温かく、かあさんのいつもの優しい顔を頬ずりしながらあふれ出る涙。

視線の先には。波形が真っすぐなモニター画面。

「もう機械なんて必要ないですよね、外してください」と職員に声を掛けると、

「医師が来るまではこの状態のままで、医師の確認が終るまでは外せませんので」と言われた。

そして、待合室で待つようにと促され個室から出された。

約3時間、母から離れて待ちました。やっと来た医師が時計を見ながら臨終を告げる姿に、私は心の中で（私が夜勤ナースから電話をもらったのは20時!?）と叫んでいました。

母は放置されたまま、傍にも寄れず、苛立ちと悲しみとで心がいっぱいになった。

あの時「看取りの大切さを知っていれば、ずっと抱きしめていたのに」。

バタバタと葬儀社の方が母を霊安室に運び、私は身体を拭いてあげることも、触ることも出来ずに母を帰された。抱きしめることさえも出来なかった。

喪主の私は、悲しむ間もなく葬儀の手配。色々あった両親の人生だったけど、気難しい父にも最期だけは気持ちよく母との別れをしてもらえるように努めた。

そんな中でも嬉しかったのは、病院で私の所に戻って来た母の顔がとても穏やかで美しかったこと。父が葬儀の前、棺の中に顔を埋めるようにして、母に話しかけていたこと。葬儀後に父から「お前は立派になった。偉かった、感心した」と、生まれて初めて褒めてもらえたこと。

でも、あの時私はなぜ病院から離れたのか、生涯悔いても時間は戻らない。苦しくて悲しくて後悔してもしきれない、大好きなかあさんを一人で逝かせてしまった。

「さみしかったね、かあさん！」

私はかあさんを一生守るって決めていたのに。来る日も来る日も遺影に向かって語りかけていました。看取り士になるまでは……。

父を抱きしめて見送った晩に

気丈な父でしたが、日々のひとり暮らしが心配で私が実家に帰ると、「俺は大丈夫だ。お前は仕事があるし、休みは家のこともしなくてはならない、だから毎度来なくていい」と言うばかり。そしてお得意の「お墓に入れてくれ」の話と、数年前に亡くなった伯父の話を何度もするようになった。

8月に植木の剪定と庭の草取りに行くと、主人と一緒にビールを飲み、上機嫌にしていました。そして9月、座椅子に座ってうたた寝をする姿が増えてきた。

10月、自分が亡くなっても、私が困らないようにと様々な要件を伝えてくれた。亡くなる2週間ほど前から自分の死期が解っていたかの様に、私の娘や息子、ひ孫とも会い、私の息子が「じいちゃん、また来るね」と言うと、「またはないからな、お前には良い席用意して待っている。でも、お前はゆっくり来い」などと言っていた。

息を引き取った当日の昼間のことだった。

訪問看護師がバイタルチェック中に危篤状態になったが、「おとうさん!?　とおさん！」私の叫び声で息を吹き返した。急ぎ主人を呼び寄せました。夕方には持ち直し落ち着いた。

午後から様子を見ていた主人は、「お父さん、枕から頭が落ちると自分で直していたからまだ大丈夫そうだ、明日また来る」と帰宅。

その晩、父と枕を並べて横になる。少し疲れた私は十時床に就き、数分後に息子から「明日行く」と電話を受けた、父が起きている様子に「○○が明日来るよ」と声をかけると「うん」と、父がかすかに答えたような？

電気を消し横になる。しばらくすると、父の荒い息遣いに私は飛び起き、急ぎ部屋を明るくした。父は全身の力を振り絞るように手を伸ばし、体を起こそうとする。私は両手で父を抱きかかえた。目はしっかりと見開き、その瞳は優しく私を慈しむかのように温かく澄んだ眼差し、昼間見た時の顔!?

「おとうさん」逝ってしまう!?

父を抱きしめ「ありがとう、ありがとう。私はもう大丈夫だよ」と言うと、「そうか」と答えたように目を閉じ、私の腕の中で大きくひと息つきながら身体をぐーうっと伸ばした。そして呼吸が止まった。

22時25分、父は静かに旅立ちました。

訪問医、訪問看護の全ての手続きが終わった。すぐに家族に何度も連絡をしたが誰にも繋がらない。私はポカンと力が抜けた感じで父の傍に座り父に語りかけ始めた。

生前には言えなかった想いのすべてを全部、泣いたり、怒ったり、笑ったり、次々と思い出される日々のことを話し続けた。夜が明けるまでが一瞬のように感じました。あの晩は父からのプレゼントだったと思います。

父さん！

「明るくなってきたよ。ご飯炊こうか、お腹すいたでしょ。ずっと食べてないものね」

悲しいはずなのに、とても、とっても清々しい朝でした。

父が愛おしく、心から父の娘でよかった、私は幸せだったんだと感じました。

看取り士は、私が求めていたものなのか？

それからの私は、父の最期の時の話を誰かれなく話したくてたまらない。

そうだ、訪問看護に来て下さった方に話そうと思いつき、何人かに伺いましたが、「その様なお話は難しいのでは」と言われてしまい、実現は出来ませんでした。

悶々としていたある日、「母さんこんな記事があった」と、娘が新聞を差し出しました。記事を見ると「看取り士　柴田久美子」とあった。

「えっ、何これ看取り士？」

インターネットで調べると、人生の最期となる時、看取りは大切な時。講演会と看取り学講座（初級　中級　上級）開催イベントが大分であるようだ。

私の心が「行くしかない」と、2週間後には大分へ飛んでいました。

根拠は何もない。しかし、母を独りで死なせた深い後悔と、父を抱きしめて看取った清々しさ。

両親が私に見せた姿で感じさせた想いは……？

あの「最期の時」は何か意味があるように思えてならなかった。

私が求めていたものなのか、どうなのか。看取り士って何!?　とにかく学んでみよう。

柴田会長の講演、初級・中級・上級の講義。全ての内容は、よく覚えていません。

でも柴田会長は、「母は亡くなる瞬間傍に居なかった私を、怒ってもいないし不満にも思っていない。それはまさに母の愛です」と、ご自身のことを話してくださった。

胎内体感では、止めようのないほど子供のように泣きじゃくり母の愛を感じました。

柴田会長の言葉と、胎内体感のぬくもりを抱きしめ「準看取り士」という資格を持って千葉へ帰りました。

不思議な出会い

いつもは昼食を済ませてから向かう店、その日はおにぎりを一つ途中の駅で買った。空席の並ぶベンチに腰掛けておにぎりを食べていた。そこに「おいしそうね」と、私に声をかけながら80代位のおばあちゃんが隣のベンチに座る。

両親を亡くして間もない私は、思わず「お元気ですね、失礼ですがお歳を伺っても」と問いかけると、「85だったかな」と笑顔で言われる。なぜかその方と居ることに心地よさを感じて人生の話をあれこれとした。すると突然、厳しい口調で言われた。

「あなたは、これから先いくつも人生の波を超えなくてはならない。しっかりと越える。いい、越えるのよ、越えなさい！」

一瞬、父さん？　このおばあちゃんの中に父が存在しているかのような不思議な体験でした。と同時に、父に「頑張れ！」と言われたように感じた。当時の私は、人生最大の岐路に立っていましたから。

両親が亡くなり、『この世に自分を丸ごと守ってくれる人はいないんだ』と感じていました。でも、「あゝ父がいるんだ、いつもわたしの傍に居てくれている！」だから、もう大丈夫だ！と強く思えました。

映画「みとりし」の自主上映を開催

私は、子どもの頃から目に見えることや物しか信じないという生き方をしてきた。大人になっても変わらず、ある時、職場で共に働く職員が、2階の廊下に亡霊が出たと言うのを聞くと、「じゃあ、ここに連れてきて見せて、見えないものはいない」と言った。読む本も、ノンフィクションばかり。

だから柴田会長のお姿に、大変感銘したのです。著書は全てが現実で、ご自身が経験の上で、『命』との向き合い方や理論を解りやすく、どう向き合えば良いのかについての方法を、具体的に手技を教授するからです。

令和1年7月4日、東京研修所「千咲土」にて二泊三日の胎内体感研修を受講。そして看取り士として活動を開始した。

初めての仕事は、千葉県内の介護施設で構成されている団体の新人研修会に、「東京研修所」清水所長の助手として、研修に参加させていただきました。

ホテルの大会場で優しい笑顔。堂々と講義をされる清水所長、看取りの大切さを具体的に解りやすく演習も交えてされていました。

看取り士って凄いな、きっと現場の経験と深い学びの積み重ねからの自信。グッと腹の据わった看取り士としての奢りの無い誇り。

『私も、そんな看取り士になりたい』と、心から思いました。

その学びをいただき、自分にも出来ることはないかと、一人で考えあぐねていると、

「みとりし」と言う映画の上映が始まるという。そうだ、地元で映画の上映会を行おうと決めた。

何から手を付けたらよいのか、いつ・どこで・宣伝は？　集客人数は？　約半年をかけて準備を

始めた。

　来春、梅や桜の花が咲き揃う暖かい季節3月3日に上映しようと決めて、成田市内の会場を確保、日本医師会が後援。その旨を市長様にお伝えして映画上映の、後援依頼を戴くことが出来ました。『成田市後援』とポスターに明記しました。

　一枚の後援証明書を頼りに、役所関係機関・市内全域の公民館・訪問医・公的集会場、ＪＲ成田駅　京成駅周辺の掲示板　等々にポスター掲示。

　市政だよりへも掲載もして頂きました。しかし、時は、ひたひたとコロナ感染の波が押し寄せ始めていました。2度、順延を余儀なくされましたが、その後、準備を再開。

　映画「みとりし」の自主上映を決めてから約2年、やっと開催の運びとなりました。

　椅子席で150名入る会場での開催、一人での開催はとうてい無理でした。その頃、非常勤講

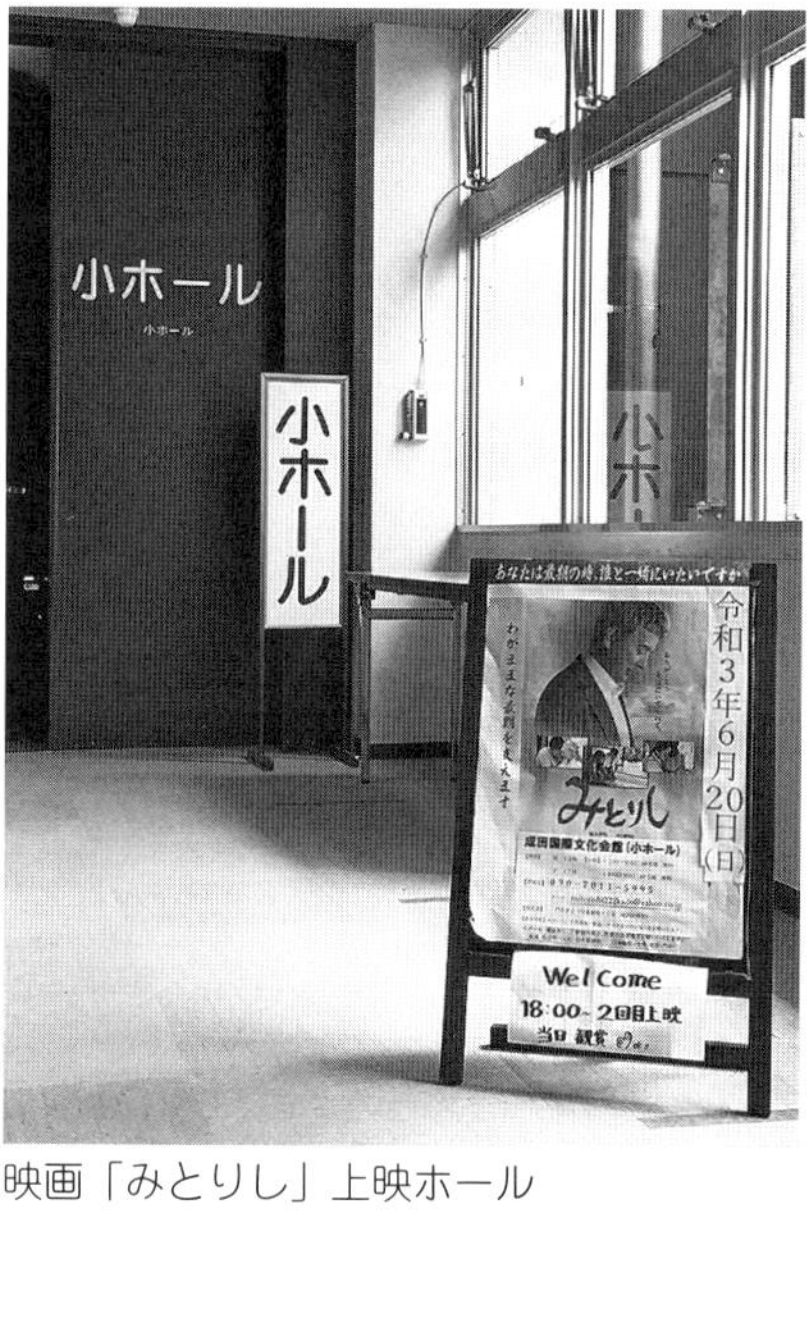

映画「みとりし」上映ホール

師で担当していた学校の受講生に食事付きのボランティアを募集すると、ありがたくも6名が泊りがけでお手伝いに来てくれました。

令和3年、6月20日。映画「みとりし」開催。昼の部・夕の部の2回上映。

成田市長様もお忙しい中お越しくださり、ご挨拶まで頂戴いたしました。ご参加人数81名　アンケート回収率85％。

ご来場の皆様に、ご自身のこととしてお考えいただける上映会が開催できました。

その後、大きな会場へはお越し頂けない方々のため、小会場上映を計画したもののコロナ感染拡大の為中止。

そのような時、「千葉にも看取りステーションが必要ではと柴田会長が言われている」と清水所長からお聞きした。でも今は、自分のことで精いっぱいな生活

映画会

状況、仕事があるしなどと、迷いに迷っていました。

しかしもし、「みとりし」の映画をご覧いただいたお客様から、看取り士に来て欲しいと問い合わせが来たら、私はどうしたらよいのだろう。

「わかりました、では岡山の担当に」。あるいは「町田の担当に繋ぎます」と答えるだけでよいのか!? なんと無責任な!

上映会のとき成田市長は、「皆さん、成田には看取り士の門井さんがいます。それぞれご自身のこれからのことを考えましょう」とのお話をされた。これに応えずして、看取り士の名を名乗れるのか!? 腹をくくれと気持ちを決めました。

すると、数日後。友人が急用のことで実家に帰省しました。季節ごとにはよく帰るのですが、何故かとても気になり、万が一違う用事でしたらごめんなさいと断り、メールを送りました。

映画会

ご家族に万が一のことがありましたら、とにかくお身体から離れないで触れて抱きしめて下さい。出来る限りでよいですからお願いします、と。

非常識であったかも知れませんが、私と母の最期の時を思うと、あの無念さを大切な友人に味わわせたくないとの一心でした。

数日後、友人から「ありがとう」のメールがあり、さらに後日にもこんなメールが届いたのだった。

「私は祖母の最期は傍にも寄れず、顔を見ることもできなかった。でも今回は皆に声をかけて皆で触れてお別れができた。本当にありがとう。これは、みんなに教えてあげた方がいいね」。

喜んで頂けたのだ。友人のご家族に、背中を押していただいたようでした。そして、看取り士への道は、両親が亡くなってから数々の不思議な出合いの中で導かれていると感じてならなかった。早速、両親のお墓参りに行って報告しました。

どうか旅立たれる方に、そのご家族の皆さまの役に立てます様に、と。

そして令和3年8月、看取りステーション千葉「心」を開設しました。

看取りステーション長として

今できることは何か。しなくてはならないことは何か。それは、看取りの時が大切であることを友人や知り合いに、それだけではなく自分と関わる全ての人に伝えること。

現在、非常勤講師で勤務している介護者養成校の学生、その方たちは卒業と同時に介護現場に勤める。

思えば、私も数年前まで介護現場で働いていた。その頃は、大勢の方々とお別れをしてきた。昨日までお世話をさせていただき、冗談を言いあい、イベントの計画を立てて待ち遠しいねと話していたのに、朝出勤するとベッドが空に、しかも真新しいシーツに替わっている。

朝の申し送り、急変の内容に頬を伝う涙。常に覚悟はしていても、楽しく話した笑顔が浮かぶ。そんな経験を数えきれないほど味わってきた。

お迎えのご家族にお伝えする言葉もない。只々頭を垂れるだけ、医療従事者ではない職員は、その時（臨終）関わる所はない。

新人の頃、忘れることの出来ない出来事があった。

まだ小学生の双子ちゃん、おひとりの方に障がいがあり、入所後数カ月で亡くなられた。ご家族が来られるまで、霊安室で私とその方とふたりでお待ちすることになりました。

「えっ、うそ、嫌だ」。5分、10分と時間が経つにつれしだいに怖くなってくる。何が怖いのか解らない。その子から離れ、霊安室の外に出て身を置いた自分がいました。死生観のかけらもない情けない介護者でした。

今は、看取りまでお世話をする施設が増えています。看取りを今まで以上に経験する介護職員の時代が始まっている。死生観、それは人それぞれに違う。しかし怖さや悲しみ苦しみだけではない、まして職業人として死に相対する心構えを教えなくては、私は看取り士になった意味がない。そう思って、取り組みを始めました。

そして、また不思議な経験が。

ある日、友人のご主人が突然亡くなり、ご自宅に急ぎ伺うと娘さんが「私は間に合わなかったの」と、泣き崩れてしまいました。

お線香を上げさせていただき、「お父さんに触らせてもらってもいい？」と尋ね許しを得ると、故人のお身体の首元から背中に触れました。お身体には、すでにドライアイスが置かれていましたが、お背中はまだまだ温かい状態でした。

「お父さんの背中を触って」と娘さんを促すと、

「熱いよ、おばちゃん熱い」と言った。

「お父さんは未だここに居るよ、十分に間に合っているから。お父さんに伝えたかったことをゆっくりお話しして。聞こえているよ」と伝えました。

私は、家族以外の、いや、両親の身体さえも触れられなかった。ご遺体にこの手で初めて触れさせて頂いた時、その熱さに驚き!? 温かいお身体に言いようのない感動と感謝の気持ちでいっぱいになりました。まさに看取り学で学んだ通りでした。

自分は、この事実を伝えるために、看取り士の道へ進んできた。

たどり着けたライフワーク

自信のない自分を隠すためか、「ダメなんですよね、私」が口癖でした。

それを払拭してくれたのが介護の現場(介護を必要とする方々)でした。働くことが楽しかった。

しかし常に、最期のお見送りというお別れの連続でした、私は悲しみと虚しさだけでご家族にも、ご本人へも手向ける祈りの言葉さえ見つからなかった。

だが今は大きく転換した。

柴田久美子会長と看取り士との出逢い、看取り学を知った今は、大切なその時に感謝をして寄り添わせていただきたいと思う自分になりました。

出会いも別れも人生はすべて必然だと思う。私が看取り士になったのも必然だったのだ。これからの人生、出逢えた全ての方々に旅立ちの大切さをお話させていただきます。

柴田会長はステキな言葉をまとめた「日めくりカレンダー」(抱きしめておくりたい。愛のことば)を発行されていますが、その中で、看取り士になった私がもっとも大事にしているのは「今日が全人生」という次の言葉です。

幸齢者にとって
「明日」は確実なものではありません。
今日が最後かもしれない。
実は、私達も同じです。
今日一日が、自分の全人生。
だから、いつも全力で。　　柴田久美子
私もこの言葉をかみしめて、ライフワークとしていつも全力で、命ある限り……。

映画「みとりし」制作から今を振り返って

柴田久美子

映画「みとりし」制作の願い

十年前の榎木孝明さんとの約束

２００７年8月、小さな離島の看取りの家「なごみの里」に一本の電話が入りました。「俳優の榎木孝明と申します。柴田さんと会ってお話しがしたい」

これが榎木孝明さんと私の最初の出会いでした。暑い夏、彼は一人で看取りの家「なごみの里」に来所されました。

榎木さんは「僕は死生観を求めて世界中を回りました。世界中を回り、最後に柴田さんの看取りの家に辿り着きました。僕の求めている死生観がここにありました」と、熱く語られました。お互い話に夢中になり、時間が過ぎるのを忘れてしまう程でした。

帰り際、満足したように彼はこう言いました。「人は死で終わるのではなく命は続くと確信しました。柴田さん、看取りの映画を作りましょう。その時は僕が主演をします」と。

２０２５年の日本は、団塊の世代が75歳を超えて後期高齢者となり、国民の3人に1人が

65歳以上、5人に1人が75歳以上という、人類が経験したことのない『超・超高齢社会』を迎えます。「高齢者の死」の増加により、日本は今や「多死社会」を迎えつつあります。

この大きな問題を解決するためには、まず一人ひとりが死生観を持ち、誰もが死に逝く身であることを考えなくてはいけません。

そのことを伝えるために私は25年間活動を続け、全国を飛び回ってきました。しかし、私ひとりでは出来ることはごく限られていました。より広く多くの人に伝える手段として、「映画を作りましょう。」という榎木さんの提案は魅力的でしたが、当時はそんな余裕はなく、月日は過ぎ去っていきました。

中国語本（台湾）も出版

２０１７年春、「癌が見つかりました」と医師から告げられました。

わがままに活動に明け暮れた人生。もし私の命がここで終わるなら、やり残した事は何だろうか。榎木孝明さんとの約束が頭に浮かびました。榎木さんとの最初の出会いから十年近く過ぎた頃の事でした。

映画制作には８０００万円かかることがわかりました。周囲からは「なぜ今から多額の借金を背負う必要があるのか。」など、たくさんの反対、非難の声も聞こえました。

しかし、癌の告知後、私は命がけでこの映画制作に取り組むことを自分に誓っていました。25年間追い求めてきた私の夢「全ての人が最期愛されていると感じて旅立てる社会を創ること」たった一つの願いのために……。

決意は固めたものの余りにも多額の金額に押しつぶされ、食事の量も減り、体力はどんどん落ちていきました。

そんなある朝、いつものように小さな仏壇に手を合わせると亡き父母の言葉が聞こえました。

「大丈夫。信じる道を行きなさい」と。

全てを受け入れ、天にお任せしようと覚悟しました。

岡山水害でロケが押し（?）、台本は監督が自ら書くという話に進んでいきました。

本来、看取り士の世界は、長い長い静寂の世界の中にあります。看取りという神聖な世界観は人の動作、表情、セリフなどで表現をする動画（映画）の中では表現しきれないものがあります。

私の大好きな愛読書の中で、星の王子様は「一番大切な事は、目に見えない」と言っています。金色に揺れる麦畑をそよぐ風の心地よさ、かぐわしい一輪のバラの香り、夜空にきらめく五億の星のきらめき。このどれもが映画では表現しきれないものなのでしょう。また、私が最も伝えたい「命のバトン」の場面も表現しきれないと監督に言われました。

しかし、この映画を通じて多くの人に看取り士の存在や多死社会に向かっている現状などを知って頂くことが大切だと思いました。こうして私の25年間の夢は、多くの方々の善意に支えられて、映画「みとりし」という形をとったのです。

数々の山を越えて、映画「みとりし」は完成しました。全国の映画館（三十数館）で公開され、ＤＶＤも制作されました。２０１９年3月12日には国会での試写会も開催されました。

２０２５年問題、この大きな問題を子孫に負債として残してはならない。この国が本当の豊かさを手にするために――。

©2019「みとりし」製作委員会

コロナ禍の中でも全国に

順調に上映できると心から喜んでいた矢先、２０２０年4月コロナの緊急事態宣言が発令されました。この時から映画は映画館での上映が出来なくなりました。人を集めることができなくなり、自主上映すら手立てがありませんでした。映画「みとりし」は、製作年月が古くなり、コロナが落ち着いても映画館での上映は出来ませんでした。順調にいけば日本看取り士会は階段を上ることができたのですが、コロナショックによる影響は世界中を混乱させ、私達をはばみました。

そんなコロナ禍で映画「みとりし」はロサンゼルス映画祭で3冠を受賞しました。そして看取り士の方々によって小さな上映会が各地で行われるようになりました。映画制作の借金につきましては、ご尽力頂きました皆様のお陰で現在心地よい額にまで落ち着き、癌につきましても完治しております。

2020年から映画「みとりし」をコロナ禍で臨地実習に行けない看護学校の生徒の皆様に見ていただく機会に恵まれました。全国10校1000人の学生さんから感想を集め、毎年9月開催の全国フォーラムで感想文コンクールの表彰式を行うようになりました。命がけで作った映画「みとりし」が若い学生さんのやわらかな感性に看取りの意味を伝えました。毎年1000通以上寄せられる感想文を拝見しながら映画を作ってよかったと感じる日々です。

岡山市では、教育委員会の皆様にご提案し、中学校で生徒の皆様に見ていただくことが決まりました。命の学習、そして新しい仕事、この2つの切り口から映画「みとりし」の上映が決まりました。

2020年感想文コンクール最優秀賞に輝いた小松真凜さんの感想文をご紹介します。

老年看護学実習 感想文 小松真凜

「愛されたと感じながらこの世を去れるように。」本作の最後に出てくるマザーテレサの言葉である。映画「みとりし」では、余命がわずかな人の生活を支える看取り士が題材となっている。看取り士に看取られて亡くなった方のどの家族の最期のシーンを見ても、マザーテレサの言葉のように、家族から愛され、命のバトンを受け取った遺族は、その人との思い出を背中に回した手と、握り合った温もりのある手でかみしめていた。

作中で、特に印象に残っているのは、腎臓が悪くなり透析が必要な高齢の男性のエピソードである。本人は透析に関して消極的で、家に帰りたいと言う。家族の理解もあり、自宅に戻ると病院よりも表情が明るく、満足気で、よくお話をされるようになった。しかし、夜間ベッドから転落したことがきっかけで「悔しい、早く逝かせてくれ。」という発言がみられた。

死にゆく人に対してどう接することが対象理解につながり、本人の心を少しでも癒すことができるのか。それは、聴いて、触れて、受け止めることである。励ますのではなく、聴くのである。その言葉を映画に教えてもらったとき、寄り添うということの本質がやっと理解できた気がした。

聴いて、触れて、受け止める。これらのどれかが欠けるのでは対象理解と寄り添うことにつながらない。本人の小さなサインを見逃さずに支えるということの重要性に気づくことができた。しかし、作中では看取られずに死を迎えた高齢者もいる。孤独死である。家族に看取られながら穏やかに息を引き取る高齢者もいれば、対照的に一人で亡くなり、誰にも気づいてもらえない人がいるというのが現実である。家族がいれば、家族が病院を手配し見舞いや介護をしてもらえるかもしれない。その一方で家族もパートナーもおらず、一人で最期を迎える人がいる。そういった現実から目をそらさずに向き合うことの大切さに気づくことができた。孤独死をした高齢者は看取り士との関わりはあった。しかし、「添い寝をしてほしい」という要望を断られたことがきっかけで看取り士との関係が切れてしまった。要望に応えられない、で終わるのではなくその要望の背景、本心をくみ取り、寄り添うことができれば関係は続き、孤独死は免れたかもしれない。

本作は本人の意思を尊重し、希望通りに最期を迎え、愛されたと感じながらこの世を去ることの尊さだけでなく、心から寄り添うことの大切さを再認識させてくれた。

看取り学と母性資本主義

縄文人の死生観

日本は最古の国であり、1万3000年以上前から続く縄文文化を受け継いでいます。およそ1万3000年前から2300年位前まで約1万年続く平和な時代を縄文時代と言います。

私の産まれた山陰地方では、縄文時代に食されていた栃の実を練り込んだとち餅が今も食されています。同様に、私が暮らした島根県の離島では、古くからの様々な死の文化が残されていました。

縄文時代、妊産婦自身が「新生」と「再生」と言う思考が有り、「新しく生まれてくる」と「死して再び生まれてくる」と言う生と死のあり方、死生観の象徴的存在であったことを示す研究結果がたくさんあります。この思想が私の創設した看取り学におけるプラスの死生観と胎内体感に通じているのです。

経済産業省経済産業研究所の藤和彦先生に看取り学をお伝えすると、最初こそ、「死は胎内に戻ること」と言う私の持論を理解できないとおっしゃられていましたが、その1年後、『縄文人の死生観』（山田康弘著）に出逢われ、それが縄文時代からの日本人の死生観であったことに驚かれました。もちろん、私自身も驚いたのですが。

その後、藤和彦先生は、『母性資本主義のすすめ』（ミネルヴァ書房）を上梓なされ、私たちの活動を応援してくださるようになりました。『母性資本主義のすすめ』の中で、藤先生はこう書かれています。

――日本を始め、先進国では戦後「死の隠蔽化」現象が生じ死は無価値と言う強固な社会通念が出来上がってしまいましたが、このような社会通念を維持したままで多死社会が到来すれば、社会全体にニヒリズムが蔓延するのは必須です。隠蔽されてきた死が再び社会に回帰しつつある現在「死」とは何かを議論する事は避けて通れません。

そして洞察力と実行力を備えた極めて少数の人間によって革新（パラダイムシフト）が試みられます。フロントランナーが時代に先駆けて、社会の進むべき方向を示すことができれば、多くの人々がそれに従うことによって時代の潮流が形成されます。

このように藤先生は、私たち看取り士の活動をフロントランナーと捉えてくださっています。

私たちは生まれ出た時、抱きしめられたように、また旅立ちの時もしっかりと抱きしめられて命のバトンを渡す。愛の中で旅立つ死を見せる事こそ子孫の未来を作る事。そしてそれが人類の進化につながる道で有ることを伝える学問が看取り学です。

２０１９年11月経済産業省ＢＢＬセミナーにて「多死社会での新しい仕事、看取り士とは」をテーマにお話しさせていただきました。コロナ禍で病院や施設での面会制限が厳しい中、看取り士の仕事も変化しつつあります。現在、臨終後の対応が増えてきています。看取り学では「臨終」と言う言葉を「臨命終時（命の終わりの時に臨む）」ととらえ、看取り士にとって臨終後は家族とのお別れの時間であるとして大切にしています。それと同様に臨終

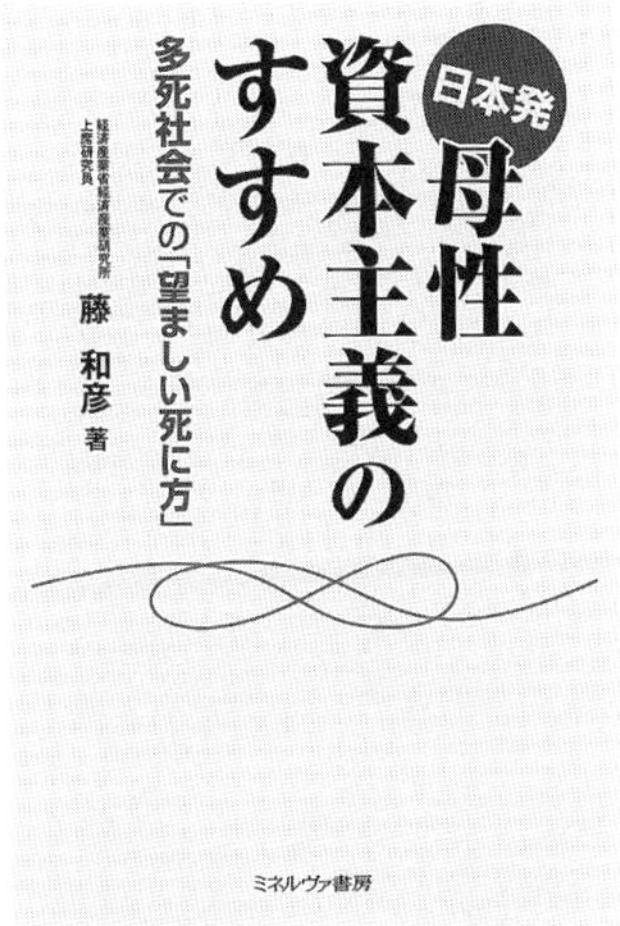

藤　和彦 著（ミネルヴァ書房）

2022 年全国フォーラム
藤和彦先生

から四十九日までを殯《もがり》の期間と呼び、四十九日までを看取りと位置づけています。

ここで担当看取り士が体験した一つの事例をご紹介します。

四十九日の奇跡「再会」

施設での臨終の立ち会いから自宅でのお別れ。葬儀社の紹介と四十九日の訪問のご依頼をいただく。２週間後と四十九日法要の後に伺うことになった。

１回目の訪問日。この日に合わせて再会した姉妹は、ようやく話せる状態になったと安堵の表情を浮かべた。看取りの場面をゆっくりと回想しながら、ひとつひとつ丁寧に話される。2年前に遡り、看取りを受け入れるまでに起こった数々の奇跡。すべてお母様がプロデュースしていたことに気づき、ご家族はあらためてその偉大さを知ることになった。

「どんな状況になっても母のことを信頼しきって委ねている看取り士の存在が大きかった」

「あの場所だけ次元が変わっていたのかもしれない。そう思うと全て納得ができます」と。

姉妹がお互いの思いを共有することで〝本当にこれでよかった〟と安心感を得る場面でもあった。

「不思議と何の後悔もなくすっきりしています」

「疲れているのになぜか体調が良いです」

2回目の訪問、開花のはじまりを告げる沈丁花の香りに心躍らせる。

四十九日法要が終わり、徐々に日常に戻ってきたと話される。それは納骨の時の話だった。

数年前旅立ったお父様の遺骨を目にした姉妹は、お父様がお迎えに来てくれたと感じたという。一致したおふたりの思いだった。

「お父さんに会えた。お母さんもお父さんに会えた」

この時からお母様だけでなく、お父様にも思いを馳せる。

「日常近くにいるような感覚で何も怖くない。むしろ自然なことだと思えます」

微笑みの中で、お仏壇にはおふたりの戒名が並んでいた。

いのちの誕生を両親が祝福してくれたように、看取りは命を繋いでくれた両親への恩返し。

旅立ちから四十九日は、あの世とこの世の魂の交流ができる期間という。魂の繋がり、家族の絆は永遠であることを教えてくださった魂の存在に感謝　合掌

担当看取り士　尾美恵美子
文責　柴田久美子

胎内体感について

内観法から胎内体感に至る道

看取り士の皆様の文章の中に、胎内体感と言う言葉がたくさん出て参りました。30年をかけて私は胎内体感を創りあげました。その過程と効果を皆様にご紹介いたします。

海外への憧れからYMCA秘書課を卒業し、当時のマクドナルド株式会社社長藤田田氏の著書『ユダヤの商法』に出会った私は高度成長期の日本マクドナルドに入社。それから16年間働きました。年齢にすると、ちょうど20代から30代後半までです。スピードと効率と言う名のもとに「早く！　早く！」と急かされながら働いていました。それは私自身の暮らし（プライベートな時間）も同じでした。早く支度をして早く職場に行き、急いで帰って急いで食事の用意。何かに追い立てられるように走り足で時を駆け抜ける。

そんな毎日を積み重ねるうち、私の心は空っぽになりました。自分自身が鬱であることすら隠して働き続けました。そして遂には大量の睡眠導入剤を飲み救急搬送。いわゆる自殺未遂です。

そんなとき、私を救ってくれたのが内観と言われるものでした。日々、不安でいっぱいだった私をしっかりと安心安全な場所に連れて行ってくれたのが内観でした。

私の内観の師匠である九州感性論塾、塾頭甲斐先生との出会いは私の不安を解消させるものでした。私は内観研修を何度も受講し、甲斐先生の鞄持ちをしました。その後、抱きしめて看取るという実践を重ねながら、胎内という場所が人間にとって宝物なのだと気づいたのです。

そして自ら胎内体感を創出しました。毎日忙しいビジネスパーソンや子育てママなどに対して、より短時間で効果が出る方法を模索しました。世の中は今、コロナショックと戦争の恐怖により多くの方々が不安の中で暮らす社会と言えます。そのため、一人でも多くの方々に私が生み出した胎内体感を体験していただきたいと願っています。

死とは胎内に還ることである

内観法の講師として数十年の経験を重ねた私は、同時期に「看取り士」として、旅立つ方々を「抱きしめて看取る」実践を重ねてきました。旅立たれる方々を見送るとき、私はふと、逝く方がまるで生まれたばかりの赤ちゃんのように、最期には絶対の安心の中で旅立たれることに気づきました。私たちが胎内という「安心できる場所」に戻っていく、つまり死とは胎内に還ることであると。

今まで学んできた内観法に「胎内の安心」を加えることで、胎内体感は生み出されました。この「内観法」と「看取り」の道の30年を通して、私は胎内という誰もが体験した十月十日もの長い期間の安心安全の場所にたどり着いたのです。

愛とは液体のようなものです。自分の心の中が愛で満たされたら、自然と外へあふれ出ていきます。ご両親から注がれた愛情を何度でも思い起こして、その愛情が今度は他者へとあふれていくのです。あなたの「大丈夫」は、常にあなたの内側に存在するようになります。自分を「大丈夫」だと思えたら、不安さえ受け入れて生きていくことができます。

もしかしたら、子どもたちの方がそれをよく分かっているかも知れません。子どもたちを初めての公園に連れていくと、あちこち走り回ったり、土をいじったり、元気いっぱいに動き回ります。でも不思議とお母さんの目が届かないところへは行きません。たまにお母さんの方を振り返ったり、駆け寄ってきたりします。何でもないことでお母さんに話しかけて、ちょっかいを出して、構ってもらって。お母さんが近くにいてくれることを確認して、また心置きなく遊んでくるのです。次第にその公園にも慣れて、一人で遊びに行けるようになります。そうやって、自分にとって大丈夫だと思えるところ（安心安全な居場所）が増えていくのです。

胎内体感によって脳のトレーニングも

胎内体感もマインドフルネスと同じように、心ここにあらずの状態から抜けだし、心を「今、この瞬間」に向けるためのものです。私たちは、今この瞬間を生きているようで、実は過去や未来のことを考えて「心ここにあらず」の状態が多くの時間を占めています。とりわけ過去の失敗や

2019 年全国フォーラム

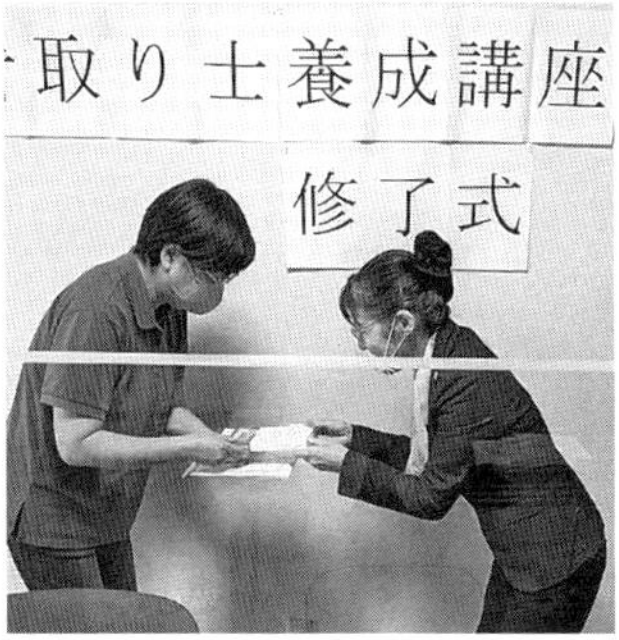

看取り士養成講座修了式

2021 年　朝日新聞取材

未来への不安といったネガティブなことほど、占める時間が長くなりがちです。つまり、自ら不安やストレスを増幅させてしまっているのです。大学や研究機関のデータでも過去や未来を思い煩うネガティブな思考が80%を占めると言われています。

胎内体感は胎内体感後に何かに対する自分のネガティブな反応を感じても、出来事を俯瞰して見られるようになるため、思慮に欠ける反射的な行動をとらずに一歩引くことができます。皆さんが体を鍛えるときに筋トレをなさるように、胎内体感によって脳のトレーニングもしていただけると幸いです。

胎内体感を経験された精神科医・古宇田敦子先生、清水加奈子先生の推薦文をご紹介いたします。

――私は精神科専門医で、普段は産業医として、労働者のメンタルヘルスに関わる仕事をしています。

私は2泊3日の「胎内体感」を体験させていただきました。「胎内体感」は柴田久美子先生が、「内観療法」をもとに創り上げた独自の手法です。「内観療法」は、精神科治療で用いる精神療法のひとつでもあり、抜本的な意識の変革をもたらし得る大変優れた治療法です。その独特のスタイルのため敷居が高く感じられることがありますが、いろいろとアレンジを工夫されている治療家もおられます。

柴田久美子先生の「胎内体感」は、内観を深めるために必要とされるリラックス状態、安心安全の感覚に効果的に導く手法に仕上げられています。「内観療法」や「胎内体感」に独特の、壁とパーテーションで仕切られた半畳の空間にこもるということは、傍目には息苦しさや怖さを想像するかもしれません。しかし実際に体験してみるとその真逆で、守られているという不思議な安心感があります。ここでは、しなければならないことや、人にどう思われるかなどといった、普段頭を占めがちなことを考える必要がありません。安心安全の空間で、余計なことに心を奪われずに、与えられたテーマについてひたすら思いを巡らせていくと、まさに「目から鱗が落ちる」ように、これまでこびりついていた負の信念、なぜかそう思い込んでしまっていたこと、などが、「そうではなかった」、「そういうことだった」と、圧倒的な感動とともに想像もしなかったような気づきが起き、感謝しなさいなどと言われるまでもなく、自然に深い感謝が溢れてきます。誰にも何も強制されるのではなしに、自ら湧き出るように意識変革が起こります。古宇田敦子

もうおひとり、精神科医で2泊3日の胎内体感を受講なさった清水加奈子先生からの推薦文は次の通りです。

――看取りの現場はきれいごとだけでなく、きっと悲惨さに直面したりやるせない気分になることもあるのではないでしょうか。私自身は精神科医ですが、医療現場でもよくあります。そのようなとき、自分の心の苦しみに気づいていないと、人はどうしても同じような苦しみから目を背けたくなってしまいます。胎内体感では、自分の心に向き合って、悲しみや苦しみが自然と感謝にかわっていく時間を感じられます。援助職にある方には特におすすめしたいと思います。

清水加奈子

２０２３年７月頃に「おやすみ胎内」が電子書籍にて発売致します。「おやすみ胎内」は胎内体感をご自分で簡単に疑似体験出来るように書かれています。よろしければ是非お手に取って頂き、胎内を体験してみてください。

もう一人の家族として……

私の名刺を握って亡くなったお一人様

私は15年ほど前、お一人様の和夫さん(89歳)を孤立死で旅立たせてしまいました。最初に訪問したのは寒い冬でした。和夫さんは癌が全身に回りやっとトイレに立てる状態でした。和夫さんは私の名刺を見ると、「あなたはボランティアでこんな活動をしているなんて宗教家か?」と聞かれました。私は「宗教家ではありません。すべての人が最期に愛されていると感じて旅立てる社会を創りたいのです」そうお伝えしました。

翌朝ボランティアのヘルパーさんが和夫さんの朝食を作りに出かけました。帰宅後すぐに和夫さんから電話をいただきました。「申し訳ないがもう来ないで欲しい」と。「どうしてですか」と聞こうと思った時には、既に電話は切れていました。

ご紹介を受けた福祉事務所に和夫さんに今後の訪問を断られたことを伝えました。その後、私が和夫さんのことを思い出すことはありませんでした。

花が咲く春のことでした。警察から一本の電話が入りました。

「あなたの名刺を握って○○番地のお家で亡くなっていらっしゃる方がいます。すぐに来てください」と。それが和夫さんとの別れでした。

私は悲しみと驚きで呆然と立ち尽くすことしかできませんでした。この時、若い警察官や消防の方々がてきぱきと動く姿に衝撃を受けたことを覚えています。大人として命の責任を持つこと、それがどれほど大切かをあらためて感じ、私の活動の中にお一人様を見守るサービスを入れようと強く心に決めた出来事でした。

コロナ禍の2020年、株式会社日本看取り士会を設立。株式会社を新たに立ち上げた目的は株式会社セコム様との提携にありました。お一人様見守りサービスを開始し、看取りサービス桜と蘭を発売しました。

15年の歳月を経て、私達はお一人様で認知症の方を看取り士派遣の中で最後まで自宅で看取ることができたのです。こうして安心して自分らしい暮らしが自宅で最後までできる仕組みを提供できたことに満足しています。その事例をご紹介します。

おひとりさまの夢の自宅死

梅が咲き、春の訪れを感じながらも冷たさの残る頃だった。

一人暮らしの叔父を案じた姪の恵さんのご依頼で、お一人暮らしの叔父（勇さん）の看取りをお願いしたいと12月より毎月1回の訪問を開始。1回目の訪問、チャイムを押すと「どうぞ上がってきて〜」と若々しい声が聞こえる。とても気さくに話される勇さん。

「若いころは人のことで走り回ったもんよ。今は一人やし、身体が思うように動けんから助けてもらわんといかんけど、元気になったら恩返し必ずするからね」と話される。

認知症があっても、一人暮らしでも、寝たきりでも、だんだんと食べられなくなっても、「ここ（自宅）がいい。ここにいたい」という希望は、最期まで叶えられた。

月1度の訪問を終えて帰りの挨拶をすると、勇さんはいつも手を振り「ありがとう。次また来てくれる？」と柔らかい眼差しで声をかけてくださる。

お身内さん、ご近所さん、地域の公的機関の方々の連携により、1日数回の訪問があり、勇さんの「寂しい」「一人の時間が長く感じる」という気持ちを皆が汲み、朝のヘルパーさん、午後からのお弁当配達、訪看さんの訪問が順繰りに入る毎日。私たちも在宅チームの一員に加わった。

ご本人の希望により週1回の訪問日、空がどんよりと曇る2月の末。「今日は目が見えにくい」と話され、ぽつりと「お母さん」と。「また来ますね」と話し、帰りの挨拶をして帰る。

数時間経って、姪御さんより「訪看さんから亡くなられたと連絡が来たが、私はすぐに間に合わない」と連絡を受ける。すぐに駆けつけると、訪看さんとヘルパーさんで体を拭き、パジャマから勇さんお気に入りの洋服に着替えられていた。

長年にわたりお世話をされてきた姪御さんを待つかのように、勇さんの体はとても温かい。間もなく、姪御さんやご兄弟が駆けつけてこられ、姪御さんが勇さんを腰に抱えて抱きしめられる。すると、到着を待っていたかのように勇さんのお顔が和らぐ。

自らの身体を差し出し、新人看取り士の私に命を手渡すことの意味を惜しみなく教えてくださった幸齢者様に感謝　合掌

担当看取り士　上田　博美
文責　柴田久美子

看取り士は「もう一人の家族」として、人生を伴奏することができることに大きな喜びを感じています。元気なうちからお付き合いをさせていただき、納骨までができる仕組みを作り上げることができました。

そして今、コロナウイルスを機に自宅での最期を希望する人が増えています。病院、施設での面会制限と言う物理的な要因もあるのですが、日本人の真の優しさに戻っていく証なのでしょう。「小さな単位に戻ること」がこれからの時代とても大切なことと感じます。

日本看取り学会と日本の看取りを考える全国フォーラム

学会設立の経緯

ビルの谷間から見える青空が澄む２０１４年8月24日「第1回日本の看取りを考える全国大会」を新宿で行ないました。

北海道から鹿児島まで、手弁当で60人を越える方々が実行委員会のボランティアとして集まってくださいました。

長尾和宏先生の基調講演と、シンポジウムを開催致しました。看取りは決して忌み嫌うものではなく、良い看取りを考えていくことが人生を輝かせる。人生のたとえ99％が不幸だとしても、最期の1％が幸せならば、その人の人生は幸せなものに変わる。（尊敬するマザーテレサの言葉）

東京に拠点を持たない私たちが企画したにもかかわらず、会場は４５０名の定員がほぼ満席となりました。お客様のお顔を拝見しながら、看取りに対する関心の高さとボランティアで集まって頂いた実行委員会の皆様の情熱を感じました。

２０２５年、この国は47万人の方の死に場所がないと言われています。自宅で死ねないのではなく、自宅でしか死ねない時代がそこに来ています。ひとりひとりの命のバトンを次世代にわたすために、今、できること。それは、自分自身を大切にすること。死を隣にすえて、今を輝いて生きること。そう思わせていただいた大会でした。

永六輔氏の詩には、こうあります。

生きているということは　誰かと手をつなぐこと
つないだ手のぬくもりを　忘れないでいること
めぐり逢い　愛しあい　やがて別れの日
その時を　悔やまないように
今日を　明日を　生きよう

２０１８年秋、木の葉が舞う頃でした。船井勝仁先生のご紹介で、北海道文教大学を訪ね渡部俊弘学長と初めてお会いしました。

2020 年　全国フォーラム 大門先生

2020 年　全国フォーラム

2022 年　全国フォーラム

2022 年　全国フォーラム

2022 年　全国フォーラム 清水先生

2022 年　全国フォーラム

渡部学長は若くして最愛の奥様を看取られたご経験をお持ちです。日々の暮らしの中で、積み重ねた魂のエネルギーを旅立ちの時、渡すことが出来るとお話しすると共感してくださいました。そして「看取り士にはなれないけれど、柴田さんを応援したい」そうおっしゃってくださいました。

渡部学長のご提案で直ぐに日本看取り学会を創設致しました。日本看取り学会は看取り士の方はもちろん、看取り士ではないけれど共に看取りを学ぶ方々を想定して設立しました。渡部学長の様に看取り士を応援したいと言う方々にご参加を募りました。

日本看取り士会が開催、抄録集を発行してきた「日本の看取りを考える全国フォーラム」は、2021年より日本看取り学会が担うことになり、会長に渡部学長が就任されました。

2019年9月1日映画「みとりし」ロケ地である高梁市で「第6回日本の看取りを考える全国フォーラム」を開催しました。

おかげさまで過去最高の500名以上のお客様をお迎えし、大成功のうちに終わることが出来ました。今回特に印象に残ったのは、ご高齢の皆様が非常に多かったことです。杖をつきながら、または車椅子に乗って会場にお越しいただいた方々の多さに驚きました。そして閉会後フロアで挨拶するスタッフに「ありがとう」とお礼の言葉をいただきました。これも初めての事でした。

全国フォーラムでの上映映画「みとりし」にもたくさんの皆様から感想を寄せていただきました。ご覧いただいた女性の方からのお手紙を紹介いたします。

――映画「みとりし」を観ながら、世界でたった一人の大好きだった母を一人ぼっちのように逝かせてしまったことへの「母さん、ごめんね」と言う気持ち。母が息を引き取る最後の最後のさようならを私は、すぐそこで母に触れることもなく、ただただ見ていただけだったのです。まもなく20歳になる息子には大切なものを心の中に宿していってほしいと伝えることで、母は私にやさしく微笑んでくれるでしょう。お母さん、深く深く感謝をします。この映画は、後ろを向いた悲しい心の私に許しをくださっているように思えました。――

それに加えお母様との楽しい思い出がつづられていました。上映会の空間は旅立たれた方々の愛に溢れています。こうして日本の看取りを考える全国フォーラムも皆様のおかげで順調に開催することができました。

この本が発行されて間もなく、２０２３年9月「第10回日本の看取りを考える全国フォーラム」は、柏木哲夫先生をお迎えして岡山で盛大に行われます。

東大寺　上映会と講演会

東大寺のホールで講演会（2022）

2022 年　岡山 RSK 出演

2022 年　リモートで全国フォーラム

2022 年　出雲ツアー

2022 年　岡山ラジオモモ出演

2023年　岡山市長との面談

ももたろう食堂

フォーラムの打ち上げ

愛や喜びを感じる旅はこれからも

白瀧貴美子

しらたき　きみこ
看護師・看取り士・日本カウンセラー学会認定カウンセラー
愛知研修所　なごやかあいち所長
上智大学　グリーフケア研究所　グリーフケア人材養成課程
1965年　愛知県出身
1986年看護師となり、総合病院、訪問看護、包括支援センターにて勤務する
34歳の時母を看取り、喪失感と罪悪感から生き辛さを感じるまでに至っている。その経験から、温かい看取りを追い求め「看取り学」に出会い2017年「看取り士」認定。
愛知研修所を立ち上げ、看取り学講座、看取り士、訪問看護師として啓蒙活動、学会発表、実践、を行っている。
愛知県在住　家族　夫・子供3人・猫2匹
mitorishi.nagoyaka.aichi@gmai.com

家族たちへのラブレター

ここに執筆を決めたのは、私たち家族みんなが今ある幸せをいっぱい感じるため。
私から、家族みんな、父と母そして弟へのラブレター。
私が看取りに携わることを選んでいるのは、母の看取りが大きく影響しています。
母は旅立ちの前に私に宛てて何通もの手紙をくれました。
今までは、この手紙を読むたびに後悔で涙があふれ、読むことが苦しいものでした。
しかし今は、その時の母の思いと深い愛を受け取っていたことに気が付きました。
24年前、母を看取った時に受け取った悲しみの幻想、
未熟な私は受け取れきれなかった真実
15年間もがいていた人生に一縷の光を見つけたのが、
〝看取り学〟という学びでした。

母との思い出

いつも家族のために細やかに働く母から私は叱られた思い出はなく、歌とおしゃべりが大好きで近くにいると暖かい、そんな母でした。

父は自分が思うようにならないと母に暴言、暴力を振るっていたため、母は我慢することが多く、父の機嫌が悪くならないようにいつも注意して生活していた人でした。でも私の大好きな母は、おおらかで、ユーモアに溢れていてその場をパッと明るく楽しくすることができる素敵な人でした。そんな母が人知れず泣いている姿、私に父の愚痴を言う姿、それも私の知っている母でした。

母方の祖父母は長男と同居していましたが、事情があって介護が難しいと連絡があったため、母が最期の世話をかってでました。

祖父母共に大腸がん末期、自宅から5分ほどの総合病院で看取った時の私は4歳でした。自宅で一緒に暮らした時は、動けなくなっていく祖父母を家族で支えたことを思い出します。1歳下に弟が生まれてからの私の心の支えは元気なころの祖父でした。祖父は1時間かけてバイクでやってきて、たくさん抱っこをしてくれて、優しさを与えてくれた大好きな方でした。

祖父の最期の時は、酸素テントの中でした。いつものように側にいきたかった、抱っこされたかった私は、何がおこっているのかわかりませんでした。祖父の葬儀の時は「小さい子は来ない方がいい」と言われ、私は離れで何も知らされていない祖母と時間を一緒に過ごしていたことを覚えています。

「おじいさん死んだのか」という祖母の言葉に泣きじゃくる私を、祖母は抱きしめてくれました。そのころ祖母は大腸がんが肝臓転移しており、痩せて、目は黄色く変わり、動く事もままならない状態でした。祖父の旅立ちの後、祖母もすぐに旅立っていきましたが、祖母の葬儀のことは今も思い出せないくらい。それほどあの頃の私にはショックな出来事でした。

母からの手紙と闘病の想い

母から私へ送られたたくさんの手紙には、こんなことも書かれていました。

「私は、おばあちゃんを家で看取ってあげました。日に日に母に似てくる自分が恐ろしい、あんなにやせなくてもよいのにというまで痩せて、細っていった母を私だけが見ています。こんなことを思ってはいけないと自分を制していたが、苦しみの中で生きてる姿を見ていると、息を引き取りもう苦しまなくて済むと思うだけで、ほっとした。私は、薄情な娘だ」

29年前、母は大腸がんと診断されました。その時には、すでに死を覚悟していたのだろうと思います。

当時私は結婚して家を出ており、母は父と私の弟の3人で住んでいました。父は定年退職して母が営んでいた店を一緒に手伝い始めて数年後のことでした。父自身も、人生の転換期を迎え、精神的に不安定な時期でもあったと思います。私自身も初めての出産、そして二人目の子どもを死産、命と向き合うことが立て続けに起こっている時でした。

苦労の多かった母には幸せになって欲しい。いつもそう願っていた時、母は大腸がんステージ3と診断されたのでした。

私たち夫婦と長女と一緒に初めての旅行を楽しんだのはその診断前でした。

母はこの旅行から帰ってきてから、「食べられない、飲んでも吐いてしまう」と言い出し、病院で精密検査を受けたのです。

「この頃食べられなかったのに、みんなと一緒で楽しいと食べられるんだね」

母が楽しみにしていた旅行中はそう言って、体調の悪いことも伏せていたのです。

私は看護師であったにもかかわらず、母の病状について早く気が付かなかった自分を責めました。母の大腸は癌がS上結腸で

芍薬　母の好きな花

閉塞を起こしていて、何も通らないような状態でした。そんな体調だったにもかかわらず……、母はそれほど私たちと一緒の旅行を楽しみにしていたのです。

母は４人兄弟の３番目ですが、自分の両親を家で介護しながら看取っています。母の両親ともに大腸がんが進行してから発見され、苦しい治療を受けながら旅立った姿を思い出して、同じ症状であることに心を向けるのが恐ろしかったのでしょう。

その後、母は手術を受け癌による閉塞は除去されましたが、癌は腹部の奥深くまでおよび全て取ることは出来なかったと説明を受けたと父から聞きました。嫁いでいる私は、実家の家族の大切な話の中には入ることが出来ませんでした。それは出ていった娘は嫁ぎ先に従うものという父親の判断からでした。本当は、小さな子供を抱え遠くに住む娘への心遣いだとは後からわかります。「女は三界に家無し」と父から育てられていた私には辛く苦しい時でした。

術後もすぐに店にたち仕事をする母の姿に私の心は辛く、父に厳しいことを言ってしまうこともありました。私の住んでいる町の病院でしばらく療養をすることを母に勧めましたが、「お父さんの近くにいるのが私の幸せ」と頑として受け入れませんでした。

でも、辛い時は時々私の所へ泊りに来ては息抜きをしていた母を思い出します。

その後卵巣転移が発見され２回の手術、そして発症から４年後には大腸がん再発のため人工肛門造設術と４回の手術を受けることとなりました。

母の闘病中、私は出産して子どもは3人となり、夫の転勤により実家からさらに遠くの関東へ引っ越しをしていて、父と弟に介護は任せる状況にありました。

そんな中で母と私の心を繋いだものが手紙でした、電話ではなく手紙で母は思いを繋いでくれました。

子どものように甘えた母

人工肛門造設術後には、続く痛みと人工肛門管理、最期の最期まで医師の提案する抗がん剤治療を選択し副作用に苦しんだ2年間でした。当時は、訪問看護もなく、緩和ケアも進んでおらず、治療の選択さえも難しい時代でした。

「あなたがいてくれるのは百人力、そばにいて欲しい」と手紙には書かれていますが、

「子どもを連れて帰ります」と伝えると、

「ただ、聞いてくれるだけでいい。旦那さん

と子供たちのことを一番に考えて」と諭してくれました。

その頃には、私もいてもたってもいられず、子どもたちを連れて何度も母の顔を見に行くようになりました。しかし、実家では父が「家に帰ってくるな」というので友人の家でお世話になり一カ月滞在したことも。

抗がん剤治療を続けている母は、「治療して欲しいとお父さん達に言われたら、やめるわけにはいかないでしょ。後悔させないように私の死にざまを見せてやらないといかん」

そんなことを気丈に言う時もあれば、夜、布団を並べて寝ている時に、私のことを「ねーちゃん」と呼んで、「死ぬってどういうこと」と子どものように甘えて聞いてくることもありました。

私は答えることが出来ず、母の手をグッと握って涙をこらえていたことを覚えています。

母の旅立ちの時は、弟から「今夜が峠と言われた」と21時頃電話があり、子どもたちを連れて夜中に到着すると、母の病室はナースステーションの隣のリカバリールーム4人部屋でした。「今日は個室が空いてなくて」「お母様は、お話することは難しい状態です」と看護師さんから言われましたが、母はゆっくりと呼吸をして穏やかな様子に私は救われました。

機械音の中、カーテンに仕切られた狭いベッドの周りに子どもたちと一緒にしばらく佇んだ後、私だけ残り子どもたちを夫にお願いして実家に帰しました。

旅立ちの時に大好きな孫たちと一緒に居られないなんてと、寂しく感じました。母の手をそっと握り小さな声で話しかけると「あーあー」としっかりと声を発してくれます。分かってる、私が来たことを分かっていてくれる。私は涙が出てきても声をあげることもできない。話しかけることも、抱きしめることもできない。ただただ感情を押し殺し、ただただ見守ることしかできないことをとても悲しいと感じました。

弟が到着した時に、私と弟の手を繋ぎ母は旅立っていきました。

今ならわかります。母が大切な宝物の子どもが2人揃った時を選んで旅立っていったこと。全ての愛を私たちに渡して旅立っていったこと。

それぞれの喪失感の中で

母の存在は私たち家族にとってはとても大きなものでした。母亡き後、父、弟、私の関係性はよりギクシャクしていきました。父は気落ちするとともに、持病の悪化、パーキンソン病の発症と徐々に動くことが難しくなっていきました。母を失った喪失感と思うよう

にならない身体に対する怒りを言葉によって私にぶつけ、私自身も辛く父の感情を受け止めることができなくなり、段々と父と距離をおくようになっていきました。それは、弟との関係でも同様でした。

そのころの私は、母の死を受け止めることが苦しく辛く大きな喪失感、自分は看護師でありながら何もできなかったと罪悪感に深く苦しんでいました。母との別離に加えて、父や弟からも切り離された孤立感の中で生きている感覚でした。

私達家族は、それぞれが辛い喪失感の中にありながら、お互いに思いやるコミュニケーションをとることができず癒し合うことができない、そんな家族になっていきました。

父も弟も、母の看取りの後、同じ苦しみの中にいたことに気が付くのは、看取り学に出会ってからのことでした。苦しく辛かったのは私だけではなかったのです。母は、遺された私たち家族が後悔の中で生きていくことを決して望んでいなかったと思うようになりました。

私は、残された家族の人生を大きく左右する看取りの場面には、多様化している家族のグリーフケアが必要であることに気が付きました。

それからの私は、「これでよかった」と思える看取りを看護の中で追い求めていきました。そして行き着いたのが「訪問看護」と「在宅看取り」でした。日常の中で看取っていく温かさです。旅立つ人の思い、看取る家族の思いはそれぞれにあります。

ご本人は、どうしたいのか希望を言われる方はほとんどいらっしゃらなかった。「出生」と「死」は生きとし生ける物すべてに与えられていること、この地球上に生命が誕生した時から繰り返されている営みです。

「死」を受け入れることは医療ではなく、心を感じ命を体感することであると気が付きました。人と人の触れ合い、心の交流、そして「死とは何であるのか」私の心は追い求めていきました。

カナダでの5泊6日胎内体感研修

訪問看護師として働いている時、名古屋市美術館で講演をされた日本看取り士会柴田久美子会長と出会いました。柴田会長の講演会を拝聴し、もっと知りたいと思う自分がいる一方で、今までの自分が壊れてしまうのではないかと躊躇する自分もいました。涙があふれるのもなぜなのかもわからない。看取り学に触れれば触れるほど、涙と一緒に心が緩んでいく感覚だったのでしょう。

どれだけ自分の心を閉じ込めて感じないように生きてきたのか、私が私を感じていく時間がやっと始まりました。母の看取りで泣けなかった、感じとれなかった感情をゆっくりと感じていったのです。

その後しばらくして、看取り学を学び、カナダでの5泊6日胎内体感研修を受講して看取り士となりました。

その頃、母の死をやっと受け入れることができるようになっていましたが、父の看取りの時を思うと不安が強く、受け入れきれない自分には、命に向き合う看取り士と名乗ることはできないと感じていました。

それでも5年後には、どうにか看取り士の活動をはじめました。私自身が癌を発症し、自分の命に向き合う体験をしたこと、そして一人の女性との出会いがあったからです。

由紀ちゃん（仮名）との出会い

私自身の病と向き合う中で、体質改善のために食事療法の学びにのめり込んでいきました。その教室に由紀ちゃんはひょこっと顔を出し、最初に教室で出会ってから個人的にメッセージのやり取りをする仲になっていきました。

しばらくすると、彼女は子宮がんステージⅣ、腹水が溜まって歩く事も難しい状態であることがわかりました。18歳の時に中国から帰化し、日本語を学び、出会ったときには自分で店を経営している勤勉で明るい女性でした。

ある日「入院したくない、医療も受けたくない、でも息ができないくらい苦しい」と連絡があり、彼女の家にとんでいくとお腹は腹水ではちきれんばかりになっていて水分、食事も何日も取れていない状況でした。困り果てたご主人と一緒に彼女を説得して楽になる治療をしてもらうように受診をすすめました。

その後、彼女は自分で緩和病棟への入院を選びました。面会に行くと、もう歩くことは出来ない状態であったにもかかわらず、「今日はね、森を歩いて来たの。お花がいっぱいで、とっても気持ちがいいのよ」という彼女の言葉に、魂が自由になっていることを感じました。

「ずっとそばにいて。お見送りの勉強をしてるんで

我が家の猫　レオ

しょ、だからあなたにそばにいて欲しいの」看取り士として今私にできる事があると思うと心が震えました。

「そばにいるから、大丈夫よ」と、死を悟り穏やかに話す彼女を抱きしめると、彼女は子供の様に大粒の涙を流し声をあげて泣きました。

「こんなになってしまった私を抱きしめてくれてありがとう、気持ちがいい、いつもいつも抱きしめてね、貴美ちゃん」と耳元でささやきました。

苦しい夜には泊って身体をさすり、大好きな蜂蜜を一緒に舐めました。彼女はご主人とご家族と一緒の楽しい時間を過ごしていきました。旅立ちは、ゆっくりと朝日の中でご主人と二人きりの時間でした。

ご主人から連絡を受けて彼女のもとへ行くと、もう息を引き取っていましたが、私の顔をみるようにニッコリ微笑む表情はとても優しい顔でした。彼女からのメッセージは「ありがとう」「ありがとう、ありがとう」

家族の皆さんと一緒に抱きしめながら、涙と一緒に微笑みながらの旅立ちは、私を看取り士の道へ背中を押してくれました。進んでいこう、私の追い求めていた温かい人とのかかわり、命を感じる尊い時はここにあると由紀ちゃんが彼女の死をもって教えてくれました。

胎内体感研修は看取りと同じ

看取り士として看取りに関わり、看取り学・胎内体感講師として講座を始めて今では4年目となっています。先日、「2泊3日胎内体感講師」として気が付いたことがありました。

母は旅立ちの前、約2年間で何通もの手紙をくれました。死を覚悟した母の手紙は率直で迷いがなく、私には苦しく重い内容でもありました。

人生の中で楽しかったこと、辛かったこと、迷い、戸惑い
お父さんへの思い
弟への思い
私への思い
私の子どもたちに宛てた手紙
私のことをライバルの様に感じていたこともあったこと
死にたくない、生きていたい　生きていたい
自分が死んでからのこと

たくさんの思いがいっぱい、いっぱい書いてある何通もの手紙。

その手紙すべてが母の人生の走馬灯であったことに気が付きました。

母はいつもの生活の中で、話しかけるように思いつくままに、私に宛てた手紙を書いていたのでしょう。どの手紙も最後は、生きることを頑張る、自分の人生はよい人生だったと結ばれています。苦しく辛かった人生を肯定していくことの出来る優しく勁《つよ》い母であったことに大きな感動をうけとることができ、今は感謝の気持ちでいっぱいです。

母の選んだ幸せは、いつもの生活の中にあり、決して特別ではものではなく、大切な人に愛を渡していくことでした。動けなくなったとしても、話すことが出来なくなったとしても私にとっては愛を感じる人でした。

今、体が亡くなったとしても同じ存在です。人は愛の存在であり、旅立ちの時は愛に溢れている。今も思い出せばその愛に包まれていると感じることができる、深い深い心の底は全ての物と繋がっている。

生きていることとは、愛を感じるため、決して苦しみや悲しみを感じるためではない。愛や喜びを感じるためなのです。この大切なことを教えていただくために、私が母を父を弟を選んで生まれてきたことを母の手紙を通して実感することができました。

「忙しさの中で、あなたに大切なことを何一つ伝えることなく生きてきたのではないでしょうか」とつづられています。そうではなく、愛や喜びの道に導いていただいています。

愛や喜びを感じる旅はこれからも続いていくのです、これからもゆっくりと進んでいきます。この命に、全ての命に感謝を込めて。

「今　時は流れて歌う　愛こそ　すべて」

母が出棺の時に流して欲しいと望んだ曲は、五輪真弓の作詞・作曲「時の流れに〜鳥になれ」でした。

今　時の流れに
この手をひたせば
泡のように浮かび来る
それは悲しみたち

泣かさない
もう二度と
くりかえすこともない
大空に飛ばしてあげよう

優しい想い出たちと

鳥になれ　おおらかな
つばさをひろげて
雲になれ　旅人のように
自由になれ

今　過ぎた昔は
はるかに遠く
夢のように浮かび来る
それは希望たち

泣かないさ
もう二度と
くりかえすこともない
大空に心馳せて

あなたと歩いてゆける
鳥が飛ぶ　おおからに
つばさをひろげて
今　時は流れて歌う
愛こそ　すべて

鳥になれ　おおらかな
つばさをひろげて
雲になれ　旅人のように
自由になれ

シラサギ写真提供：荻野　薫　氏

父がよく訪れていた植物園

父から贈られた人生最高のプレゼント

小坂久美子

こさか　くみこ
神奈川県出身。

看取り士、介護福祉士、認知症ケア専門士
日本看取り士会徳島研修室室長。

柴田久美子会長の「看取り学」を学び、実父を温かく看取る。

現在は、看取り学講座講師、一日胎内体感講師として看取り士育成に携わる。

死を自由に語り合う場所「カフェ看取り～と」の開催など地域に根付いた活動も継続中。

徳島県板野郡在住。

Mail: nouvelleetoile26@gmail.com

勇気を得た「看取り学」

これといって大きな病気をしたことのなかった父が血液のがんで、余命は1年くらいと母から連絡を受けた時の衝撃は忘れられません。

父には優しい面も確かにありましたが時代錯誤的な考えを持ち、いつも母に対して一から十まで文句を言う人でした。父から母への感謝の言葉など一度も聞いたことがありませんでした。毎日母を罵倒する父に腹が立ち、父と言い争いになることも日常茶飯事でした。そんな父が嫌いで、いつしか私は父とほとんど口をきかなくなっていました。

少しずつ父の病状が進行して身体が衰えていくにつれ、今まで以上に横暴になった父を一生懸命に世話し続けている母が不憫でなりませんでした。母の話し相手になるために私は実家通いを続けていました。当時の私は、母とともに父をどう看取ればよいのか悩んでいました。

そんな時、柴田久美子会長の「看取り学」に出会ったのです。看取りについて教えてくれる人がいる！　直ぐに看取り学講座を受講しました。

初めて会った柴田会長は常に柔和な笑顔で、私の背中にそっと手をあてて話を聴いてくれました。「大丈夫よ。家でも病院でも看取りはできます」という柴田会長の揺るぎない一言がとても心強く感じられました。

看取り学で伝えている死生観は、死についての私の認識を変えてくれました。また、どのように旅立つ人に寄り添えばよいのか具体的に知ることができ、看取り学の受講によって父を看取る勇気が出ました。

その一方で、「ほんとに看取りの時にこんなことが起こるのかしら？」と半信半疑に思えた部分もありました。しかし、この疑念は父の看取りをしていくなかで見事に払拭されることになりました。

尊厳とは何か？

発病から丸2年を迎える頃、父が入院したのですぐに帰ってきて欲しいと電話があり、その日の夜遅く実家に着きました。

主治医から早ければ3、4日、長くても1週間しかもたないだろうと説明をうけた母と弟が、父に余命は告げないと既に決めてしまっていました。父は本当のことを知りたくはないのか？ もう死ぬのな

柴田久美子会長と

ら家に帰りたくはないのか？　これで良いのか？

私は釈然としないまま眠れぬ夜を過ごしました。

翌朝、私は父の病室へ向かいました。父は元気そうに見え、「わざわざ来なくても良いのに。ちょっと腎臓の調子が悪いらしいんだ」と笑顔で言いました。夫や子供たち、親類も後から駆けつけてきました。何も知らぬ父は笑顔でみんなと話しをしていました。

そんな時、私の息子から問いかけられた言葉にハッとさせられました。

「お母さん、本当にこれで良いのか？　本当のこと言わなくていいのか？　おじいちゃん、来る人来る人に『家族だけ呼ばれて俺にはまだ何の説明もないんだ。俺もこれで終わりかもしれないな』って言ってるよ。孫の俺にまで言ったよ」と。

そこで家族でもう一度話し合い、母は父に余命を告げてもらう決心をしました。

病室に主治医が来て話し出しました。私は自然と父の手を握っていました。病状の説明と、もうできる治療がなくなったこと、残されている時間があまりないことを告げられた瞬間、父ははっとした表情をして私の手をギュッと握りました。

「今なら家に帰れるけど、家に帰りたいという気持ちはありますか？」

医師に尋ねられた父は、先生の目をまっすぐ見て、

「もう思い残すことはないから、帰らなくていいです」と答えました。

私は家で看取りたかったのに。けれど、何度連れて帰るよといっても、父は「もういい」と言うのです。私は心の中で「何でこんな所で！」という思いが強く、涙が止まりませんでした。

その時に浮かんだのが柴田会長の著書の中にあった、『尊厳とは自分で決定する権利のことです。その権利を奪ってはいけません』という言葉でした。

最期まで大切にするのは旅立つ人の思いだと学んだではないか。私は、最期まで父の希望に添うべきだ、父が自宅にはもう帰らないと決めたなら、父の気持ちを尊重しよう。たとえあと数日でも、父がこの病室を我が家と同じに思えるようにできる限りのことをしようと心に決めました。

私は病院にお願いして父の病室に泊まり込ませてもらいました。それから毎日、朝起きたら顔を拭いて、髭を剃ってと家でしているのと同じことをし、できる限り父に触れるようにしま

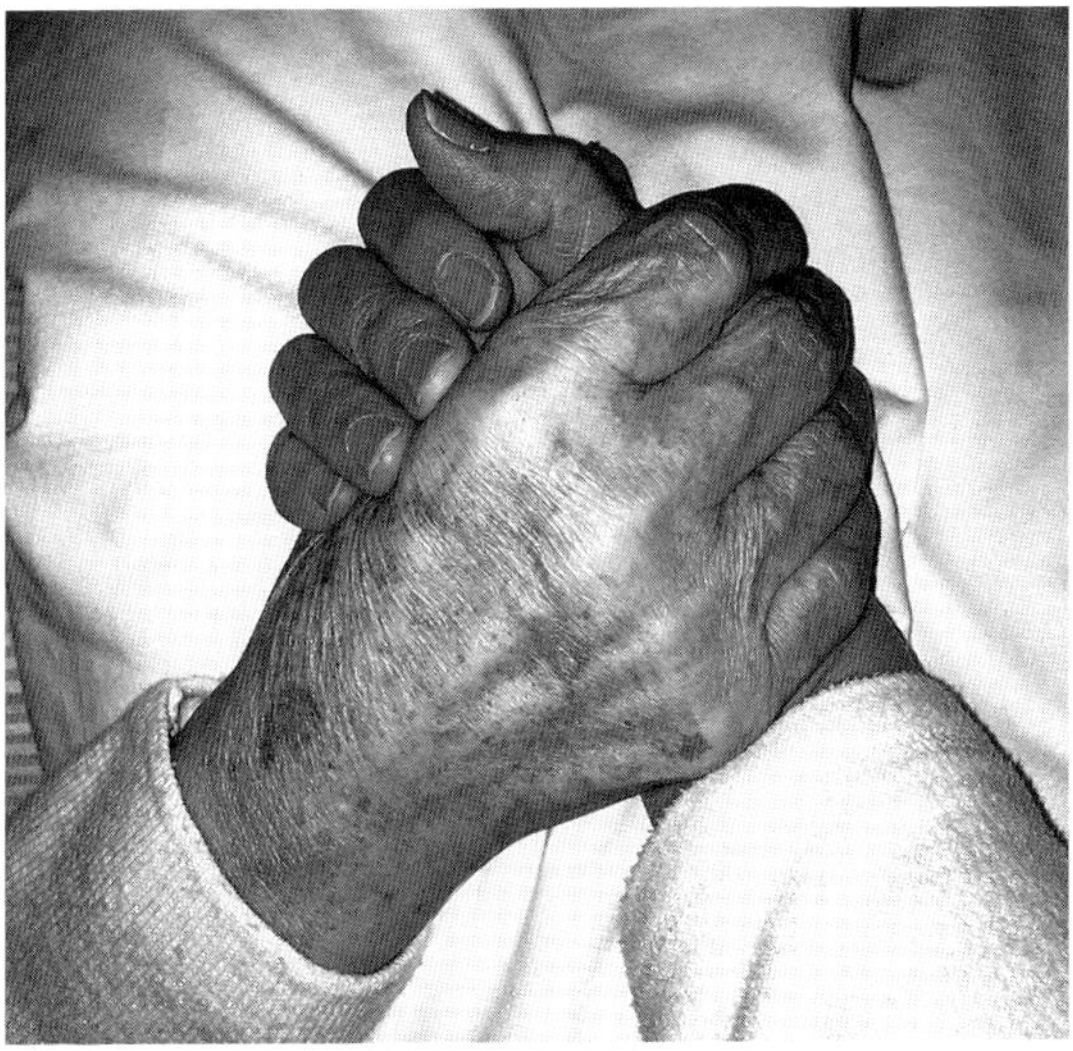

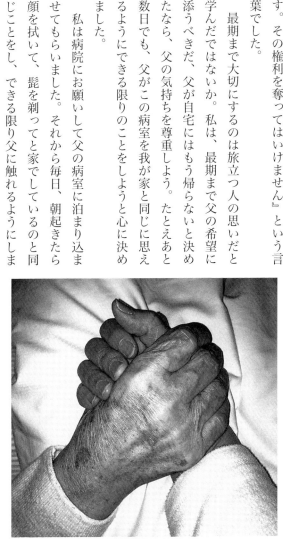

した。母も毎日家から病室に通ってきました。電車に乗っての病院通いは大変なのに、母に対する父の横暴振りは変わりませんでした。

父の最期の言葉

父の世話をしているうちに、私は父に対して許せなかったことが少しずつ、どうでも良くなっていることに気づきました。それどころか、あんなに嫌いだった父が可愛いらしく思えてきたのです。父のために何かしたいと素直に思えるようになっていました。すると、何故だか父も素直に嬉しそうな表情をするようになりました。

父と話すのを避けていた私なのに、父の手を握り、添い寝をしながら毎晩遅くまで色々な話しをしました。母との馴れ初め、仕事を辞めようと思ったことなど父の人生の歴史を知ることができました。長い夜の会話は、父と話さなかった空白の時間を埋めるような幸せなひとときでした。

ある晩父は、看取られる側の複雑な心情のようなものまで吐露したことがありました。

「お前や弟に申し訳ないと思う。さすってもらって、話し相手になってもらって嬉しいけれど、迷惑かけてしまうから独りでじっと（死を）待ってる方が気が楽だ」

旅立つ人にしかわからない複雑な心の痛みを垣間見た気がしました。

さらに驚いたことに、私の前で父は母への感謝の気持ちを言葉にするようになっていました。

けれど、相変わらず母の前では決して感謝の言葉を口にしません。このまま母にありがとうと言わずに亡くなったら、きっと私は父を一生許せないだろうなと心の奥に燻《くすぶ》りを抱えていました。

父が入院してから既に2週間近く過ぎていました。姪の卒業式当日。いつものようにカーテンを開け1日が始まりました。午後になって弟から姪の卒業式の写真が送られてきました。父は老眼鏡をかけてスマホを嬉しそうに覗き込んでいました。

その2時間後、父の容態が急変しました。呼吸が変り、眩しいから部屋を暗くして欲しい、薬も足して欲しいと言うので急いでナースコールをしました。あぁ、お迎えが来たのだなと思いました。

私は母に「薬を足したら、多分もう話ができなくなると思うからね。お父さんに言いたいことがあるなら、これが最後だよ」と言いました。

母は父に寄り添い「お父さん、ありがとうね。あなたのおかげで子供たちを大学まで行かせてやることができました。家を建てることもできました。みんなあなたのおかげです」と言いました。するとと父は「こっちこそありがとうだ。俺はなんにもやっちゃいないよ。みんな自分たちの力でやったんだ」と初めて母への感謝の気持ちを伝えたのです。

それが父の最期の言葉でした。私の心の中にあった塊がすーっと溶けていき、心が温かさで満たされていくのを感じました。

許しと旅立ちのプロデュース

父の呼吸が止まった時、母が「なんだか変だけど、悲しいというより、清々しい気持ちだわ」と呟きました。そこに涙はなく、笑顔がありました。

私は心の中で、喪失感とは違う温かな気持ちで父を見送れたことに感動していたのですが、言葉には出しませんでしたので、母が自分と同じように感じていたことに心底驚きました。

病室の空気がとても澄んでいるように感じられ、いつも病室から眺めていた外の景色は輝いて見えました。温かな看取りがそこにありました。

そして様々な理由から死亡確認が遅れ、1時間近く病室で旅立った父と過ごすことができました。何度も「ありがとう」と父に感謝の言葉を伝え、母と思い出話をしながら、頭を撫でたり抱きしめたり、父の身体に母と2人で触れ続け、手のひらに父の温もりをしっかりと刻みつけました。

旅立つ人は自身の死をプロデュースできるといいます。父は姪の卒業式が終わるのを待っていたかのように旅立ちました。それは弟や姪が卒業式に出られるようにとの父の計らいだったのでしょう。

旅立ちのタイミングも、死亡確認の時間が遅れたことも、家族や夫婦のわだかまりを溶かし、みんなを幸せにして逝ったことも、すべてが父のプロデュースであり、大きな愛が引き起こしたことなのだと私には思えました。看取り学を学んだことによって、起きたことが単なる偶然とか、終末期にはよくある話だと流してしまうのではなく、旅立つ人がどれほど大きな愛を与えてくれたかをしっかりと自分の中で昇華することができました。

父が亡くなって6年が過ぎようとしていますが、私も母も「死別後シンドローム」に陥ることもなく、母とは今でも笑顔で父の思い出話しをし、父の存在を身近に感じながら生きています。

人は旅立つ時、毎日積み重ねてきた魂のエネルギー（愛）を残される人に手渡す。残される者がそのエネルギーを、触れることによってしっかり受け取ったならば、大切な人亡き後も、前を向いて生きて行けるということを実感しています。

カフェ看取りーと

看取り士になって

看取りとは、手で触れて、目で見て、身体で命を受け取ることだと看取り学で学びました。素直な心で丁寧に看取りに向き合うことが、最期にさまざまな確執を越える許しや感謝、幸福感を生むことを私は父の看取りを通して体験しました。この体験は父から贈られた人生最高のプレゼントであり、看取り士としての私の原点になっています。

大切な人との別れはただ悲しいだけではなく、温かさもあることを伝えたい。看取る側も看取られる側も幸せだったと感じられる最期を実現するための活動をしたいと思い、私は看取り士、看取り士養成講座の講師となり、プラスの死生観や看取りの作法を伝えています。

また、映画「みとりし」の上映会や、死について気楽に話せるお茶会「カフェ看取りーと」の開催など地域に根付いた活動をこれからも続けていきたいと思っています。

看取り学を伝えてくださり、父の死と向き合う力を与えてくださった柴田会長と、自らの死をもって看取りとは何かを教えてくれた父に感謝しています。

看取りをとおし、命はつづく

山口朋子

やまぐち　ともこ
1977年、長野県上田市出身。
飲食、サービス業に携わるなか、母の病気をきっかけに触れるケア、リフレクソロジー、ヒーリングを学ぶ。生き方、死生観を考えるなか、人との出逢いから看取り士となる。
長野県小諸市在住
shotakanta.0414@gmail.com

父の死、初めての大きな喪失体験

就職したばかりのある日「お父さんが……死んじゃったよ」と母からの連絡。

事業をしていた父は、持病がありながらも透析1年目の生活にも慣れ、「あと10年は頑張るよ」と言っていた。

家で夕食後、早めに床につき数分……少し咳こみ、食べた物が器官に入りそのまま窒息死……。かかりつけ医からは「家で交通事故にあったと思って下さい」と言われた。

突然、一家の大黒柱を失った家は別世界になりました。人生で初めての大きな喪失体験。大阪から実家に戻ると、とても安らかな顔で眠るような父の姿は、とても神々しくてキラキラと輝いて見えた。

人は最期のとき自分でプロデュースするという。そのことを看取り学で学び、改めて振り返ると、父の死も準備をしていたかのように不思議な流れだった。亡くなってからすぐに届いた最後の手紙。

父の死を通して、人はこんなにも簡単にあっけなく死んでしまうんだ。明日の生きている保証なんて誰にも分らない、ということを、身をもって教えてくれたのは父でした。父の死をきっかけに私は、人が死んだらどうなるのだろう？　魂はどこへ行くのだろう？　と見えないスピリチュアルな世界に興味を持ちつつも、現実の生き方を模索していました。

透析を10年も続けた母の臨終

数年後、母は父と同じ病気にかかりました。「一刻も早く大きな病院へ行ってください」と医師から言われ、慌てて大きな病院へ行くと、「今すぐ透析をしないと命はありません」と宣告される……。

一刻も争う事態に選択の余地もなく、透析の大変さを知っていた母の震える手をずっと握りしめていました。そこから始まった週3日の透析生活は大変な日々。

ある日、家での転倒、そのあたりから母の様子がおかしい。まだ60代ではあったけれど、認知症。思っていたよりも早く親の介護がやってきた。

認知症が進むと段々外にも出にくくなり、在宅の限界を感じ施設に入ることに。ある日、熱が出たという理由で入院。入院が長くなる程、目に力がなくなって病室でずっと天井を見つめている。

ある時、母の様子が何となくおかしい。母はもう旅立とうとしている。そんなこと誰にも言えず、この世から

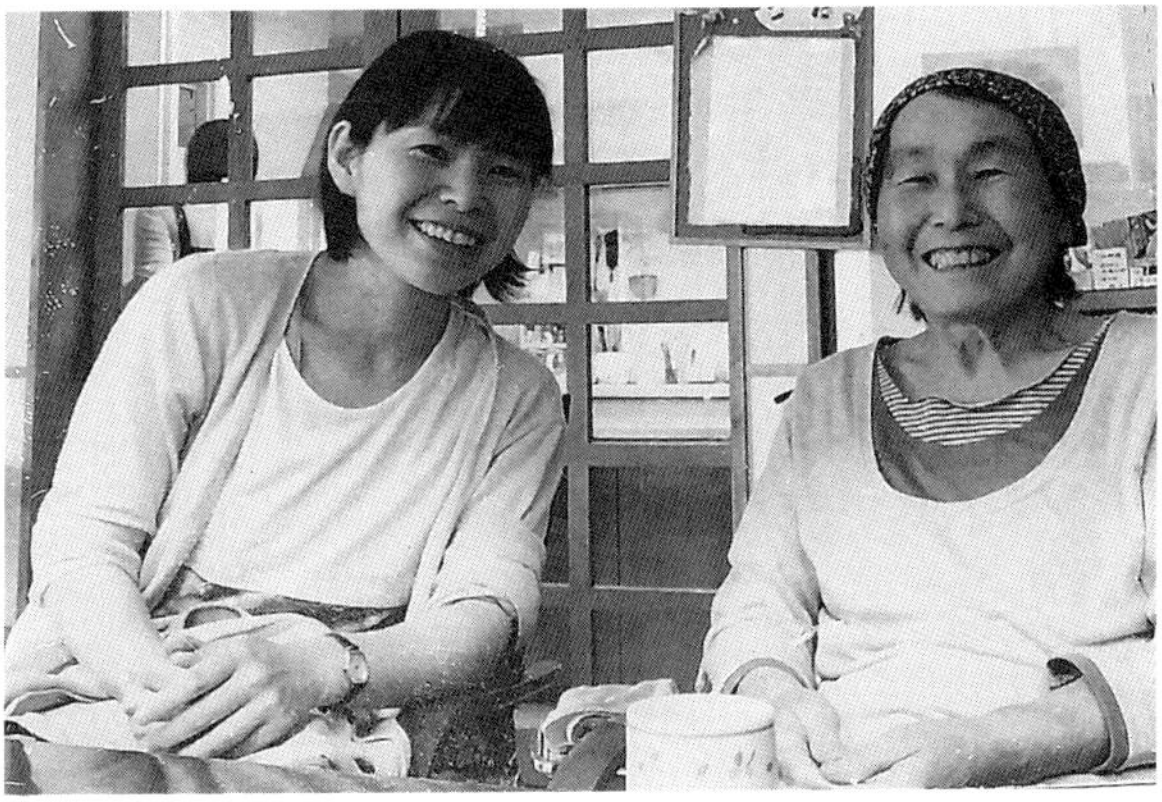

たった1枚の母との写真

母の存在がなくなってしまうんだと怖くなった。そんな胸騒ぎは当たり、翌日、病院からの電話。

「肺炎を起こしていて延命をしないと今晩が山場です」

病院へ駆けつけると、「延命をするかどうか、30分で決めてください」と言われた。それをするとどうなるのかの説明もなく、医療の知識もない私と姉はどうしたら……？　生きていてほしい気持と母の苦しみの板挟み。透析を10年も続けてきた母の身体はもう針も刺すところがないほどにボロボロになっていたから。

ドクターに「もういいです……」と伝えると、「どういうことか分かる？」と一言言って去って行った。

家族だけで残された病室で母はもう言葉も発せず、何とかしてほしい……と言わんばかりの苦しそうな表情。不安を抱えながら見守ることしかできない。みんなで順番に寄り添いながら、看護師さんが「これで透析の機械を止めますね」と。「ご臨終です」の言葉よりその一言は重たく、死を覚悟しました。

透析を10年も頑張り続けてきた母の寿命。ずっとそばにいたかったけれど、面会時間もあり帰宅。母は、一晩のりこえ、インドネシアから帰国しようとしている兄を待っているかのように必死で一呼吸をしていました。

ドクターから言われた時間はとうに過ぎ、「子どもたちのために」と生きてきた母の想い。最期の最期までお母さんでした。

兄が来るのを待って、1時間後、母の呼吸が止まりました。ありがとう、頑張ったね、と伝えながらも次はどうなるの？　お葬式は？　心の準備もないままの看取りは不安でいっぱい。

気がつけばいろいろな想いが出てきて兄姉の中で諍いが起こりました。どうしてこんなことが起きたのだろう？　母の月命日になると苦い記憶の看取りの場面が浮かんでくる。どんなに毎日を明るく楽しく過ごしていても。病院での看取り、自分の人生の終わりもあんな感じになるのかな？　と考えるようになりました。

「看取り士は究極の接客業……」

人は何のために生まれてくるのだろう？　と思っていた時、流れてきたSNSのイベントページ。何か変わるきっかけが欲しくて1泊2日の人生のミッションを見つける合宿に参加することに。

そこには人の話を深く聴くことに卓越した人物がいました。その方がそっと横に来て、

「起きたことを何も話さなくていいよ」

そう言って抱きしめてくれました。その一言に私はとても驚き、この方は誰にも分かってもらえない深い悲しみ、自分の心の奥底に潰したような想いをわかってくれた人がいた。何とも言えない驚きと感謝の想いで不思議な想いになりました。

「トモちゃんは10年かかっても分からないから伝えるわ」とその人物から初めて「看取り士」という言葉を聞いた。看取り士になるには、5泊6日の泊まりこみ研修があるという。修行のような世界だなぁ、とどちらかというと母の看取りにいい記憶がなかった私は抵抗感しかなく、人様の看取りに関わることなんてとても考えられない。結局、踏ん切りがつかないまま、好きな飲食サービスの仕事を続けていました。

人は亡くなる前に、「やった後悔より、やらなかった後悔をする」とよく言われる。私は、今までやりたいと思ったことはしてきたつもりだけれど、看取り士になりたいという気持ちにはなれなかった。それでも「世の中に必要な時が来る。これは、譲れない」と、看取り士のことを伝えてくれた方の言葉が心の中に残っていた。

柴田久美子さんの講演会があるというので、まずは話を聞いてみようという気になった。講演会は夜遅く終わるので、ホテルに泊まることに。講演会場では医療や介護関係の方々が多かったこともあり、看取り士は専門の方のするお仕事かな？　と思いながら柴田会長の講演を聞いていた。

そして次の日の朝のこと。昨夜、話していた柴田会長が朝食会場にいらっしゃる。もう会うことはないだろう、と思いつつ話しかけた。

「看取り士とは、すごい活動ですね」

「あなたもなれるわよ」

「いえいえ私は飲食の仕事だったので……」

「私も飲食業出身よ！」と柴田会長。

「私はサービス業が好きなので看取り士はちょっと……」

「あら、看取り士は究極の接客業よ！」

「えっ、究極の接客業？」

その一言に、迷っていた私の心がぐっと動いた。わずか5分くらいの会話をしただけで、ひとまず、勉強してみようかと一歩進むことになった。

初めてお会いした柴田会長は、看取りや死のことを「私には確信があるの」と笑顔で明るく話す軽いエネルギー。「やさしく、やさしく」と唱える中にも凛とした強さを感じました。

臨終間際の温かいギフト

看取り学を学んでから介護の世界へ。コロナ禍になる前からも、会いにくることもないご家族、色々な家族模様がありました。

そんな中に、いつも一人で辛そうなおばあちゃん。耳が遠く、誰と話すこともない。コロナ禍での施設はピリピリモード。少しでも何かあると個室対応。お部屋で一人きり、そんなこともしばしば。時々、こっそりと覗きに行くと、「先生とは初めて会った気がしないね。懐かしい」と言われる。

看取り学で学んでいた1分間の幸せ交流。たった一人想ってくれる人がいたら幸せと感じられる。そのおばあちゃんが亡くなる前、「さみしい……」と泣いている。ただただ触れていると、先生に出逢えてよかった、とポロポロと涙。

このおばあちゃんから最後に温かいギフトをいただき、忘れられない方となりました。病院でそのまま看取りになる方が多い中、施設で亡くなった方は触れることができたので、臨終後にも触れていると手のひらにずっと温かさが残り、淋しさよりも清々しさのような感覚がある。

その一方、触れられずにお別れになった方は、淋しさが心に残る。この違いは何だろう……？これが命のバトンのエネルギーなのだと、会長が伝え続けてくれていることは本当なんだなと改めて感じるようになりました。

あの世とこの世が重なる次元

施設では、救急搬送で病院へ送ってしまう現状が多く、流れていくような死。これでいいのかなと感じる日常の中、看取り士の研修・胎内体感で岡山まで行く機会がありました。胎内体感は、自分が胎児だった頃からの母との過去を主にたどっていき、してもらったことに意識をフォーカスしながらの研修は看取りなおし。また、亡くなった人と繋がれるような深い学びがある。

胎内体感は2回目ということもあり、今回はどんな体験になるだろうと、わくわくしながらの緊張感があった。そんな初日の一コマ、狭いパーテーションの中に入った瞬間、25年前に亡くなった父のエネルギーがふわーと目の前に感じられ、突然、涙が止まらなくなりました。

ただただ会いたかったお父さん。自分が亡くなるときに、お父さんがお迎えに来てくれて会えるのでは、とそんなことを思っていた。言葉でもなく見えるわけでもなく時空を超えてエネルギーを感じた瞬間だった。

「お父さんだ。ずっと会いたかった……」

生きている時に再会できたうれし涙。看取りの現場は、あの世とこの世が重なる次元。遠くに感じていた父は想えばいつもそばで見守ってくれていたのだ。魂は時を超え、永遠にあるのだと感じられた。柴田会長は、始まる前に「3人で」と言われていた。思いがけない父との再会で、その言葉の意味がわかる、ありがたい体験となりました。

亡き川島かつ美さんと今も共に

看取りとは、愛を伝えること

看取り士の想いと原点は、母の看取りの時に、ただそばにいたあの時間。生まれたときは何ももっていない、死ぬときも何ももっていかれない。ただ一つ、命のエネルギーを周りの人に受け渡していく。

過去の悲しみ、出来事は全て、今につながるギフトになった。未来からの自分が過去に行けるとしたら、「大丈夫、幸せな未来に繋がっているよ」と泣いている私を抱きしめよう。父の死も母の死も伝わってくるのはありがとうの言葉と応援。

元々は、みんな愛だった。

看取りとは、愛を伝えることだと思うようになりました。

この世を卒業するときに私に生まれてよかった、いい人生だったと命のバトンを渡せるように。

命は尊く、儚いからこそ誰の命も大切に思える今。

過去や未来ではなく、今をどう生きるか。若くして亡くなった仲間の存在。不思議な出逢いから導いてくださった会長、家族、父と母、これまで出逢ってくれた皆さんに心から感謝します。

胎内は慈愛の世界だった

谷村登志子

たにむら　としこ
1962年、大阪府大阪市出身。
中学2年の夏より奈良市在住。高校卒業後、大阪の銀行に就職。1995年に結婚し二児の母となる。結婚後も銀行で働いていたが、義母が他界し、その地に移り住む準備のため退職。2009年12月25日ヘルパー2級の資格を取得し、1月2日より訪問介護士として3つの事業所で経験を積み、介護福祉士になってからはリハビリ病院、ユニット型特養、グループホームに勤務する。2022年3月、看取り士となる。

死の恐怖

死ぬのが怖いと思ったのは、小学4年生。島根県浜田市に住む母方の祖父が亡くなり、火葬場で「おじいちゃんバイバイ」と、お別れして数時間後に見たのは真っ白な骨でした。それがおじいちゃんだとは思えませんでした。

母が「人は死んだら焼かれて骨になるの」と教えてくれました。長く持ちにくいお箸で、お骨を二人で一緒に拾って骨壷に入れました。

人は死んだら体は焼かれてなくなる。死んだらどこに行くの？　天国？　天国ってほんとにある？　その時の記憶は、さっきバイバイしたおじいちゃんが次に見たときには真っ白な骨になっていた。それだけです。

大阪に戻り学校で皆に会った時、人は皆死ぬんだ。会えなくなるんだ。もう話もできない。忘れられてしまう。死ぬときは息ができなくなって苦しいの？　骨しか残らないんだ、と怖くて怖くて誰にも話せませんでした。

夜、布団に入り、目を閉じると死んだらどうなるんだろう。私もいつか死ぬんだ。死んだらここにはもういない。何十年後には私はこの世界にいなくなり家族と離れてしまう。そう考えだすと怖くて怖くて背中がすーっと冷たくなって何とも言えない恐怖が襲ってきました。

大人になるにつれそれを考える回数は減りましたが、恐怖を感じることは時々ありました。死ぬのならなぜ人は生まれてくるのか？　有名な人は名前が残るけど私は誰からも忘れられる。こんなこと思ってるのは私だけ？　皆は考えないのだろうか。こんなことを考える私はおかしいのだろうか。

「死を前にして人は無力」と教えてくれたペットの看取り

中学一年で奈良に引越し高校生になった時、父がモフモフした子犬をもらってきてくれました。気をつけていたのですが、番犬として外で飼っていたのでフィラリアにかかってしまい気づいた時にはもう手遅れで、生まれたばかりの子犬も感染していました。

夜中、玄関に入れていた子犬達の呼吸が弱くなってきて「お父さん！　お母さん！　息が止まりそうや！　どうしたらええの！」と大声で叫んでも両親も弟たちも来てくれませんでした。

「死んでしまう！　息が止まる！　どうしてやったらええの！　何もできなくてごめん」と泣き叫びながら、息が止まりそうな子を手のひらに乗せ私は蹲《うずくま》って、ただ「見殺しにしてごめん」と泣くしかありませんでした。

その子の呼吸が止まる。次の子がまた私の手の中で呼吸が止まる。次の子も……、この子たちを殺したのは私。コロの世話をちゃんとしていたらこんなことにはならなかった。数日後、コロもなくなりました。

温かい体は、私の手の中で冷たくなって硬くなっていきました。生きていた時のあの子達の温もり、撫でた感触、手の中で順番に死んでいったことを忘れられません。

人は死を前にして無力である。看取り学で学びました。人間だけでなく命あるものの死を前にして私たちは無力なのですね。

日本看取り士会ではペットの看取り学講座も開講されペットは未来に不安を抱かず、過去を嘆いたり明日を憂いたりせず「今」を生きている。飼い主がどのような選択をしても、どんな死に方をしても恨まないし、負の感情を持たないと教えて頂きました。

初めての看取りで「死の恐怖」がなくなった

息を引き取られるその時に、初めて寄り添わせていただいたのは、介護士になってちょうど10年目のこと。ユニット型特養で90歳の女性でした。

N様は若い頃､昭和歌謡が好きでよく歌っておられたそうです。居室にＣＤが何枚も置いてあったので介助の際には、

「誰の歌にしましょうか？　ちあきなおみさんはどうですか？かけましょうか？」とお聞きすると頷かれ、声は出せませんが、口を開けて歌われることもありました。私も一緒に歌うと、N様はうれしそうに笑っておられました。

その日は夜勤で、チアノーゼが出てきているので様子観察をするよう申し送りがありました。22時過ぎた頃から呼吸が変わって来ました。私に人が亡くなる時がわかるのかと不安でしたが、今、N様の看取りをするのは私しかいない。

一人にしてはいけない。私をN様のそばにいさせてください。と祈りながら「私がここにいますから、一人にしませんから」と肩に手を置いて、呼吸が止まったことに気づかないかもしれないから、と顔を近づけていました。

23時、とても気持ちよさそうに深く息を吸い込まれ、そこで呼吸が止まり静かに旅立たれました。「死の恐怖」がなくなった瞬間でした。何か温かいもので包まれたような穏やかで優しい気持ちになりました。

そして3年後、看取り学講座で死は美しく温かいと学びました。

母との別れで泣かなかった私

「たとえ1％でも治る可能性があるならそれに賭ける」と自ら手術を希望した母。術後も「食

喜光寺南大門仁王像

べたいのに食べられない」と悔しそうでした。そんな母の意識がなくなったと、父から連絡が入り、私は生後6カ月の娘を抱え病院に向かいました。管に繋がれて寝ている母の手を握って良いのか分からず「お母さん、目を開けて！」とただ祈ってました。幽門部分の胃がんステージⅣと宣告され3度手術をし、2年半頑張りました。

「家に帰りたい、早く仕事がしたい、自彊術《じきょうじゅつ》を人に教えたい、だからどうしても死なれへん」と言っていた母でしたが、その願いは叶わず、享年64歳で亡くなりました。

病院から家に帰ってきた母は眉間のしわもなくやっと苦しみから解き放たれたんだと思いました。父は「仏様になって帰ってきた」と言いました。

優しく美しく光り輝いていました。通夜、葬儀、親戚への対応で、母のそばにゆっくり座ることもなく、泣くこともなく、火葬場で最後のお別れの時間。炉に入るその瞬間、2歳の息子が「おしっこ！　おしっこ！」と大声を出したのでトイレに連れて行きました。「最後まで私をお母さんから遠ざけるつもりなんか！」と何も分からない息子に大声で怒鳴りました。何かに対し怒りが爆発していました。

母を見舞いに行くときも乳飲み子を抱え、自由に動けない腹立たしさで、子どもがいなかったらもっと動けるのに、結婚していなかったら母の世話をできるのに、と何度も思いました。私はなんてひどい母親なんだろう。私は、子どもを愛せないんだろうか。子育てで心を痛める時も度々そう思うことがありました。

父の死に様

父が65歳の時に母が亡くなり、人の世話にはならないからと一人で生活していました。85歳の夏、肺がんが身体中に転移し治療法がないと医師から告げられました。

気づいてあげられなかった私は酷い娘だと自分を責めました。

「ワシはまだやることがあるんや、手術して切ったら治るやろ！」と、父は声を荒げました。

私は介護士の仕事を辞めて家で看取ると決めました。

難聴の父に筆談で伝えましたが受け入れられない様子でした。痛みがひどくなり薬が増え、在宅酸素療法が始まったのが10月31日。クリニックの方と明日からの訪問看護の予定を電話で話し終え、父に伝えようと振り返ると、もう布団に入って寝ていました。

右足だけが布団から出ていたので「お父さん足出てるで」と足を持ち上げようとした時、呼吸が止まっていることに気付き、2階にいる弟に「お父さん息してへん！ 早く先生に電話して！」と心臓マッサージを始めましたが、先生は電話口で「もうしなくていいよ」と言われました。11月1日18時。私が電話をしていた数分の出来事でした。

弟が作った晩ごはんを全部食べ、新しいパジャマに着替え、歯磨きをし、いつものように胸の上で手を組んで寝ていました。いつも人のことばかり心配して心優しい父でした。

「ワシは誰の世話にもならんていつも言うてたやろ」

そんな声が聞こえた気がしました。骨上げの時、係の方がこんなに綺麗な喉仏を見たのは初めてです。と言われ、20年間、毎朝仏壇に手を合わせていた父の姿が見えました。

2泊3日の胎内体感を終えて

不安と期待の入り混じる気持ちで胎内体感が始まりました。

慈愛って何？　私にわかる？　ダメな人間でいつも人の目を気にして、卑しい恥ずかしい人間、そんな自分をよく見せようと繕う自分が大嫌い。

結婚し、子供ができ、両親の死、仕事。できない自分を思い知らされた。子どもの手が離れ、自分に自信が持てるようになるためにチャレンジしたけど大したことない。そんな雑念だらけの時間が過ぎました。

相手の立場になって考えるなんて自己中心な私にはできない。目の前がぼーっと白くなって寝てるのか起きているのかわからない状態になり、何か優しいふわふわした物に包まれているようで、体を揺らしていると気持ちいい……、もしかしてこれが胎内？

慈愛？　もし間違っていても、目の錯覚でも思い込みでもいいや、私がそう思ってるんだから。

人が違うって言っても、人に笑われても、私がこれを慈愛って思ってるんだから。と思った時、そこに父を感じ、父が私に話しかけてくれました。

「心配かけたなぁ。いつもようやってくれてありがとう。頑張りすぎやで。ケセラセラやで」と言ってくれました。熱いものが込み上げ、父の変わらぬ愛を感じ涙が止まらなくなりました。

母は、子どもの頃よくお手伝いをした私を好きだったけど、心配かけた私のせいで癌になってしまったから、やっぱり私のことが嫌いだったんだ……。だから、亡くなった時、私を側に寄せ付けなかったの？……そんな自問自答の苦しい時間が続きました。

やがて白い霧が見え、ふわふわ気持ちよくなって体を揺らすと楽になり、やっぱりこれが胎内？　慈愛？と思った途端、白い霧が黄色くなって、ゆっくり渦を巻いて流れてきました。

青白く光る玉や線香花火のような細いオレンジ色の

閃光のようなもの、四角いキラキラした物、三角柱のプリズム。頭も目もおかしくなった？　もうこのまま終わっても仕方ない。嫌な思いは、笹舟に乗せて全部流して……と思った瞬間でした。

「ここにおいで」と両手を差し伸べてくれる母が見えました。弟を抱いている母を、私はいつも遠くから眺めているだけだった。と思いこんでいました。それは間違いで、弟を抱っこしていたのに私の目の高さまでかがんで「おいで」と抱きしめてくれていたのです。そして「登志子、ありがとう」と声が聞こえたと同時に涙が溢れ出し号泣し涙が枯れるまで泣き続けました。

母のその眼差し、それこそが慈愛。私が母の胎内にいた時から、ずっとあの眼差しを私に向けてくれていました。母は私を愛してくれていたのです。

私はひれ伏して「ありがとうございます」と何度も言いました。ありがとうございますの言葉しか出て来ませんでした。こんなに私を愛してくれている母のことをなぜわからなかったんだろう。次から次へと母が私に話しかけてくれました。

「大好きな登志子、ありがとう。子育て良く頑張ったね」と抱きしめてくれました。母の看取り直しです。胎内は慈愛の世界。産んでくださった母に感謝し、父に感謝し、目に見えるもの、見えないもの全てに感謝し、３月21日無事、胎内体感を終了することができました。

外は全てがキラキラ輝いて生まれ変わったように感じました。

看護師として看取り士になった今の想い

辻本今子

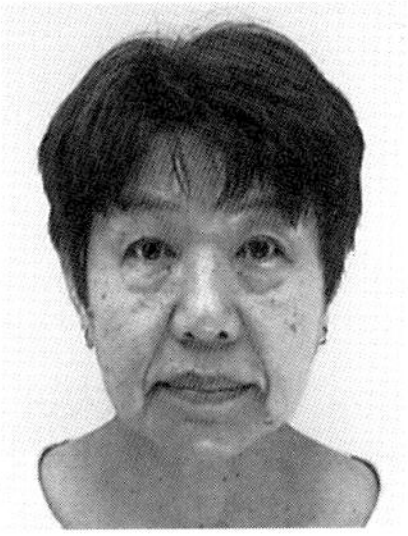

つじもと　いまこ
1959年　奈良県吉野郡十津川村生まれ
奈良市在住
現在奈良市内の総合病院に看護師として勤務中
令和4年5月看取りステーション奈良ほほえみ乗本所長の下で看取り士となる
初級・中級講師講座受講し講師となる
令和4年12月22日看取りステーション奈良ほほえみサテライトとして新大宮を開設

ゆっくり振り返る間もなく

現在の病院に勤務して約29年、たくさんの看取りをしてきた。しかし心電図モニターの波形を見ながらその人の最期に立ち会うのではなく、せめて家族が到着するまで、そばに寄り添い、声をかけ、手を握り看取ることは出来ないかとずっと思いながら勤務していた。

2、3年前に看取り士の存在を知り、どうすれば看取り士になれるのだろうと考えていた頃、柴田会長が新聞で大きく取り上げられた。

すぐ携帯で検索し奈良県内にステーションがあることを知った。「看取りステーション奈良ほほえみ」の乗本所長に連絡して、令和4年5月、看取り士になった。

初級講座の時から、「看護師さん？　奈良市内の人？」と尋ねられ、奈良市内にもステーションをとぐいぐい背中を押された。

5月、東大寺の金鐘ホールで、映画の上映会、柴田会長の講演を聞きに行くと、2月まで一緒に働いていた先輩が受付に立っていた。

「私、明日上級講座を受けます」と、再会を喜んでいたら、会場に以前同じ病院で働いていた知り合いの看護師がいた。柴田会長や乗本さんから「それなら奈良市内にすぐにでもステーションができるわね」と更に背中を押された。

でも、ステーションの開設は定年退職をしてからと思い、乗本所長の下で勉強をしようと、初級・中級講師講座を受講し、本部での2泊3日の胎内体感を受けた。ところが12月に入るとさらに追い風は強く吹いてきた。12月22日は開設にいい日だからというわけで、看取りステーション奈良ほほえみのサテライトとして、「香芝」と「新大宮」の二カ所が同時開設となった。

さらにさらに12月ステーション長の「質問会議」に出席すると、『マザーテレサ夢の祈り』（2017年発行）に続く、この本書を刊行するにあたり、柴田会長から「今日ここに参加している人は書いてみませんか」と言われ、執筆者の一人としてノミネートされた。

ステーションを開設して間もなく、未だ看取り期ではないけれど、転倒し腰痛で歩行困難となったお母様を心配される娘さんから契約をいただくことになった。その娘さんは柴田会長に感銘を受け東大寺の金鐘ホールにも来られた方だった。

このように、いろんなことがどんどん進んでいく。「これで良かったのか」と、ゆっくり振り返る間もなく時間が過ぎていった。

父の看取り直し

看取り士になったことで沢山の人と出会い素敵なご縁をいただくことができ、自分自身の大きな安心感をも得ることもできた。それは看取り士の仲間が「看取り士になったら孤独死はないわよ」と言ってくれたことである。

私はおひとり様である。自身の最期がとても不安であったが、そんな言葉をかけられ、安心して日々過ごすことができている。そして2泊3日胎内体感をするとのことで父の看取り直しをすることができた。

胎内体感で初めて父に手紙を書いた。今までそんな機会はなかった。末っ子の私は父に一番かわいがられて大きくなったといつも姉が話してくれる。しつけには厳しくて怒られると怖かったが、普段はやさしくて幼いころは一緒にお風呂に入り、一緒に寝ていた。あの頃はそれが当たり前で普通のことだと思っていたが、大人になりテレビや新聞で虐待や、わが子に手をかける親など、いろいろな事件を知ると、私はいかに幸せだったかとつくづく思う。両親から沢山の愛情をもらい育つことができたことに本当に感謝している。

父は20年ほど前に亡くなったが、私は最期を看取ることができなかった。

亡くなる10年ほど前から透析をしながら隣町で母とアパートを借りてくらしていた。ある日突然、近くの病院で心臓マッサージをしていると連絡が入り駆け付けたが、間に合わなかった。ずっと自分の生まれた家に帰りたがっていたが、自宅からでは透析治療に通院するのは難しく仕方なくアパートを借りて暮らしていた。

亡くなってやっと自分の生まれた家に帰ってきた父の顔は穏やかで優しく、元気な頃のままの顔であった。私の実家は奈良県吉野郡十津川村でかなりの山の中である。祖先は平家の落ち人で、兄弟3人でこの山奥に逃げ込んできて長い時代息をひそめて生きてきたのだろうと私は思っている。父で三十八代目だと聞いている。

そんな祖先から受け継いだこの土地を守るため一生懸命働いてきた人であった。近所では頑固で偏屈者と言われていたが、本をよく読みいろんなことをよく知っていて、弘法大師さまや、お釈迦様をお祀りしていて毎朝大きな声で般若心経を唱えていた。

他人には親切で、特に見ず知らずの人にはとても親切であった。夕方近くに道に迷った人が道端にいる父に声をかけると、

「そこに行くのはもう遅いから、今夜はうちに泊まって明日にしては」と言って、いろんな人を泊めていた。夫婦だったり、男の人ひとりだったり、若いカップルだったり、そのまま4、5日我が家で過ごす人もいた。

そのほかにも訳の分からない人がいた。1か月近

く何をするわけではなく一日中ぶらぶらして過ごし、昼間からお酒を飲んだりして、ある日突然出ていったかと思うと、またふらっと来てぶらぶらして過ごし、またふらっと出てゆく。そんな人が2、3人はいた。

あの人たちは誰だったのか、父も母も名前すら知らなかったのではないかと思っている。そんな人だったからか、交通の便の悪い山の中にもかかわらず沢山の人がお葬式にはお参りに来てくれた。葬儀は昔ながらの風習で執り行なうため、我が家に帰ってきた父は葬儀の日が決まるまで2日ほど奥の間で眠っていた。あの時父の側に寄り添い、手を握り体に触れ、話しかけながら過ごすことが出来ていたらと、最期を看取ることのできなかった私はずっと後悔していたが、2泊3日の胎内体感で看取り直しができたことは私が看取り士となったことに大きな意味があったのではないか。そして沢山の人とご縁をいただくことができたのも、父が私にくれた何よりの贈り物だと思っている。

孫の手とレモンと涙

15年ほど前、80歳を過ぎたOさんが透析をしながら入院生活を送っていた。奥さんはずっと前に亡くなっていた。当時は今と違って入院生活が長くてもなにも言われない時代であった。2年でも3年でも亡くなるまで入院されている人が何人もいた。Oさんもそんな一人であった。

長い間透析をしている〇さんにとって体の痒みはどうしようもなく、「孫の手」は手放せないものであった。それを忍者のように背中に差して車椅子で自走しながら日々を過ごしていた。詰所のカウンターから見ていると、孫の手だけがゆっくりと移動しているようでとても印象的であった。ベッドに戻ると「レモン開けて」と、通りかかったスタッフにレモン味の炭酸飲料水の蓋を開けてほしいと言って、床頭台についている小さな冷蔵庫からペットボトルを出す。透析をしているのになあと思いながら蓋を開けると、おいしそうにごくごく飲んでいた。

私はよくベッドサイドに行きいろいろな話をしていた。元は学校の先生で中学校の教頭先生で定年を迎えたこと、息子夫婦とはあまり上手くいっていないことなど話してくれていたが、その息子さんは時々、洗濯物とレモン味の炭酸飲料水を持ってきていた。

そんな日々が過ぎていた。ある朝、出勤すると容体が急変して個室に移動していた。すぐ病室に行き何度も呼びかけた。もう目を開けることもなく意識を取り戻すこともなかったが、呼吸が止まる瞬間、左の眼から涙が流れた。びっくりした。それまでもそれからも最期の時に涙を流した人を見たことがない。あの涙は何だったのか、最期の時に会えない息子さんを思ったのか、今となってはわかるはずもないが、いまでもあの涙の意味を考える時がある。

看取り士になった今思うことは、あの涙を拭って抱きしめてあげることが出来ていたら、これほどまでに忘れられない人にならなかっただろうと思う。やがて息子さんが到着して、死亡確認され、エンゼルケアーをしたOさんは死亡退院されたが、あの大切な孫の手が忘れ物として残っていた。

やさしくやさしく寄り添って

映画「みとりし」に登場する3人の子どものお母さんを見ていると重なる人がいる。個人病院に勤務しながら准看学校に通っていた頃のことである。

入院しているYさんは30歳ぐらいの女性で色が白くてとてもきれいな人だった。物静かであまりおしゃべりをする人ではなかった。5歳ぐらいの男の子とやさしそうなご主人が夕方になると面会に来ていた。そんな2人が帰りに門のところで振り返り、お母さんに手を振っているのを見送るYさんの後ろ姿を、私は何度も見ていた。その後ろ姿はあまりに寂しそうで私も辛かった。やがてYさんは近くの大学病院に転院していった。

詳しいことは知らなかったが、当時その大学病院で実習をしていた私は、夏のある日思い切ってお見舞いに行こうと、病院の前で花を買い病室を訪ねた。個室に入院していたYさんは驚いた様子で横にいたお姉さんを紹介してくれた。お姉さんもきれいな人だった。挨拶をしようとしたが、かけているタオルケットの胃の辺りを見て言葉を失った。握りこぶしほどの腫瘍が3つもあった。前の病院ではそんなものはなかった。

とにかく花を渡し逃げるように病室を出ると涙が溢れて、泣きながら帰った。それからしばらくして亡くなったことを知らされた。「前の病院の看護師さんが、お見舞いに来てくれてうれしかった」とYさんが話していたと後で聞いた。

どの様な最期だったのか、詳しいことはわからないが、あの病室でどれだけ辛い日々を過ごしていたのか、あんなかわいい子供を残して逝かなければならなかったYさんのことを考えるといまでも涙が止まらない。映画「みとりし」の中のお母さんのように抱きしめて送ることができていたらと、今も強く思っている。

美人薄命とはYさんと、女優の夏目雅子さんのことだと私はつくづく思う。そして、OさんもYさんも、私の長い看護師人生の中で忘れる事のできない人達である。

看取り士になり、これからは私自身悲しく辛い思いを残さないような看取りができるように、やさしくやさしくやさし

柴田会長にいだかれて

く寄り添っていきたいと思う。この文章を書くことで忘れることのできない人たちの看取り直しをすることができたと感じている。やがて定年退職を迎える私の看護師としての一つの区切りもできたと思う。このような機会を与えてくださった柴田会長に深く感謝いたします。

マザーテレサの想いを継ぐ看取り士

井上豊子

いのうえ　とよこ
看取り士　看護師　看護教員
心理臨床カウンセラー
ＡＥＡＪ認定アロマハンドセラピスト
1954 年、北九州市出身
25 年の病院勤務を経て看護専門学校教職 21 年
医療現場や看護教育の現場での出会いや体験は私の人生の宝物、これからの人生恩送りの使命を果たしていきたい。大阪府堺市在住
mitoriosaka.sakai@gmail.com

臨終コンプレックスが解消

大好きだった父の最期が近づいていた数日前から私は仕事も調整し、旅立ちの日の朝まで一緒に傍で過ごしていました。父のレベルは下がっていたけど、語りかけはできていたのに、連絡を受けて駆けつけたときには、「たった今でした」と医師に臨終を告げられました。

「えっ、どうして！　なぜ！　なんで！」

その時間、私はなぜ自宅にいて、夫のシャツにアイロンなんかをかけていたのだろう。なんで、お父さんの最期を見届けられなかったのか。そんな後悔で、その後の数年間悔やまれては泣いていました。夜の公園に犬のタロと散歩することで癒されていきました。「千の風になって」を数えきれないくらい歌い泣きました。

医師から臨終を告げられた後に父のエンゼルケアと更衣をナースと一緒に行いました。その間ずっと色々な父の思い出話をしながら、父と交わした会話や入院中のエピソードなど思い出話をしました。

その時に感じていたことですが、前夜は死前喘鳴で喉がゴロゴロいって、痰を吸引する時の表情も苦渋で嫌がり、とても辛そうだった父の顔が、まるでその会話を一緒にそこにいて聞いているかのように微笑んで見えるのです。手足も乾燥気味で色も冴えなかったのですが、顔から全身までも皮膚がつやつやつるつるして、みるみる美しくなっていったのです。その時は《お父さんこんなに肌がきれいだったかなぁ》と云う印象がずっと残っていたのです。

それは看取り学講座を学んだことで分かったのです。その現象は父が喜んでいて、父の魂の輝きだったのだ、と。身体が温かい内はそこに大好きな父がまだ存在している。間に合わなかったのではなく父が選んだいいタイミングで逝ったのだ。身体を拭いて触っている間、父も最愛の娘とのお別れをしていたのだ。ここでしっかり父から命のバトンのリレーを受け取ることができたのだと後から実感することができました。

そのことを知ったときに、初めて「臨終コンプレックス」という事から解放されたのです。そして父が存命しているときよりも今の方がより身近に父を感じるのです。いつもそばで見守っていてくれています。それを本当に実感するのです。

後悔のない看取りをするために

父の最期の時は、母はすでに認知症でその時にはショートステイで施設にいました。

お母さんはわかるかなぁと思いながらも夫の最期はきちんと会ってお別れをすることが大切と思い、施設から連れてきて病室で父に会わせました。父に会ってもらうまで母には、

「お父さんはね、今日死んでしまったんよ」とそのまま説明しました。

母は病室に入った途端、父にしがみついて

「おとうさん、おとうさん。まっとってね、私もいくけねえ」と泣きながら言葉にして伝えたのです。しっかり受け止めてくれたのです。驚きました。

後で施設の方に父の最期の時間を伝えると、「ちょうどその時に少し具合悪いのかなぁという仕草をされていました。ご主人が会いに来られていたのでしょうか」と言われました。

その後、母は認知症がゆっくりと進行して、8年後の2012年に父のそばに逝きました。今は、二人の大きな愛でいつも私達を見守ってくれているのがわかります。

そこで私は、七人兄弟の中で一人残された母の妹にあたる叔母を2年前に引き取り、後悔のない看取りをすることを決意しました。叔母が存在してくれていたからこうして今、看取り士を名乗ることができたのです。今は感謝しかありません。

叔母との同居生活

現在、叔母は88歳です。色々なことを忘れていくことに対して不安を感じています。毎日、毎日捜し物をしています。いましたこと、食べたもの、話したこと、通帳や財布はどこにしまったか殆ど忘れてしまいます。困って探すときには一緒に歌を歌いながら探します。

「しまったしまった島倉千代子〜。困った困ったコマドリ姉妹〜」夜はビールで晩酌です。

「今日もいっぱい笑ったねぇ」

「あんたに迷惑かけるから、私が認知症になったらいつでも施設に入れてね」と言います。

「うん、わかったよ、すぐ入れてあげるから、安心しとってね。ただし、ここよりいい施設が見つかったらね」と応えています。

毎日のように何回も同じことを繰り返し言います。

「大丈夫。大丈夫。何にも心配いらんよ」

私はそんな叔母をとても愛おしく感じています。

叔母と同居を決意するにあたっては、不思議なことを経験しました。

母の葬儀の夜、直会《なおらい》の後でアルコールが入っていたせいもあると思いますが、叔母が入浴後に上がってきた所で失神して倒れてしまったのです。

「あっ!! 危ない」ちょうどキッチンで私が洗い物をしている横で、とっさに受け止められたので、どこも打たずに済みましたが全身の色が土気色です。

思わず、母の葬式の日に叔母までも!? と思ってしまいましたが、幸い看護師の知識があったことでショック体位から蘇生に向けて対処していました。その時に母がスッと叔母の中に入ったのを感じたのです。

これは誰にもわからないと思いますが、私には、はっきりと感じたのです。

呼び掛けているうちに少し意識が戻ってきたので場所をベッドに移すために私が夫の名前を呼んだ時、「呼ばんで、いいっちゃ！」と発声があったのです。（夫は他人、きっと羞恥心だったのだと思います）。良かった！　戻ってきてくれた。叔母は母の処へは逝かずにいてくれました。

それからです、《亡くなった母に会いたい》と思ったら必ず叔母に無性に会いたくなります。そのたびに電話をしたり、北九州まで会いに行ったりしていました。

叔母の 87 歳の誕生日に

叔母はずっとおひとり様で自分の人生を一生懸命生きてきました。茶道、花道、料理を楽しみ、会社勤めをしながら日本舞踊を五十年近く趣味として生きてきた人です。そのせいか背筋はピンとして足腰しっかり健脚です。しかし、八十を過ぎると一人で生活することに限界が生じてきました。そこで、現在の同居に至っています。

私は高校進学から大阪の生活が始まったので母と過ごしたのは十五歳まで、今こうして母と一緒に暮らせているような日々に喜びを感じています。認知症があっても、決してその人らしさは失われていません。いろいろな能力は衰えていっても感情は豊かにあるのです。大切な叔母とのかけがえのない日々、娘時代に母と一緒にやりたかったことを、今こうしてやり直しができる幸せに感謝です。

マザーに尽くした是枝律子さんとの出会い

私の看護師のスタートは産婦人科でした。出生前からの母子とその家族との関わりから始まり、未熟児や小児科、成人期から老年期まで、看護職を退職する時は、老年期の方の関わりや看取りをさせて頂きました。

常々思っていたことは、出産時には助産師という仕事があるのに、人が亡くなるときの助死師という仕事もあったらいいのになぁということでした。ですから、看取り士という言葉を初めて聞いたとき、やっぱりこのような特化した役割が必要とされているのだと思いました。

看取り士になったことで、会長の柴田久美子さんに出会うことができました。会長はクリスチャンではないけれど、あるときマザーの「愛こそ生きる意味」という啓示を受けたと言われていました。マザーテレサと同じ様に神様から選ばれて、強い信念で活動されてきたことに私は大きな感動と感銘を受けました。

私がマザーテレサのことを深く知ったのは看護学校に在職中のことでした。学生の卒業記念講演に招待した是枝律子さんとの出会いがあったのです。

是枝律子さんは四十代の時に突然、交通事故で夫と息子を一度に失い、たった一人残されてしまいました。敬虔なクリスチャンの彼女は、ある時、西成の炊き出しのボランティアに出向いていたときに啓示を受けました。

バザーに出されていた箱の中にマザーテレサの本を見つけ、手に取ってページを開くとそこに光明が差して瞬時に「これだ」と感じたそうです。そこからマザーテレサのために旅費や届ける医療物資などすべてを自前で工面をしながら、インドに五〇回以上もそれらを届けるボランティアをされていました。そしてインドのコルカタにあるマザーの「死を待つ人の家」にその人生を捧げていました。

マザーは彼女のことを〝ミズ、オロナイン〟とニックネームをつけるほど親しくなっていました（マザーはオロナインを貴重な薬として金庫に保管して使っていたそうです）。

彼女はそんな自身の体験を交えて、看護学校を旅立つ三年生に餞《はなむけ》の言葉を伝えてくれました。

彼女との出会いから二十数年が経過して、私が看取り士の資格を取ったことと、日本にもマザーのような方がいるということを彼女に伝えようと連絡しましたが、手紙も電話も繋がらず音信不通のままでした。そんなあるとき、新聞のコラムで彼女の訃報を掲載した記事を見つけました。

すでに二年前の秋、彼女はコロナであっけなく一週間で昇天してしまい、たった一人で荼毘《だび》に付されてしまったのです。折しも亡くなった日は私の母の命日でした。

私は、看護学校に在職中、看護学生には常々マザーの言葉を伝えていました。

「大切なのは、どれだけ沢山のことや偉大なことをしたかではなく、どれだけ心を込めたかです。今度はあなたが愛の運び手になって下さい」

是枝律子さんはどれだけ無念だったことか。

幸せを運んでくださる幸齢者様

看取り学では、高齢者様を幸齢者と呼んで書きます。幸齢者様は私達に沢山のはかりしれない幸せを運んで与えて下さるからです。

人の幸せとは、幸せな旅立ちとはなんでしょう。そこには穏やかな最期を迎えるための3つの条件があることも教えていただきました。

父母に逢える杵築市守江住吉浜

一つ目は夢があること、二つ目は支える人がいること、三つ目は自由があることです。どんな人でも人間の尊厳を大切にされなければなりません。

今この時、このどこかに一人で頑張っている方がきっとたくさんおられると思います。すでに迎えている超高齢社会、そしてやがて訪れる超多死社会に向けて、看取り士として使命を果たすべくマザーテレサの果たせなかった夢の続き、私の友人の思いも乗せて、愛の運び手になれるように尽力を捧げたいと思っています。

朝、いつものデイサービスに出かけた叔母の部屋で机上のメモ書きを見つけた。

「今日も朝から今夜の9時、何をしたのか。毎日ぼんやりとしている。自分が情けない。どうしたらいいのか見つからない。よぉし、明日から考えてどうしたら一日楽しく送れるか!!」

心はこんなに生き生きとして、希望を持って何とか頑張ろうとしている。思わず愛おしく込み上げてくるものがある。

「ああ、もう死にたい!」と時々叔母は言う。

「まだだよ〜。お母さんがお迎えに来ないと死ねないんだよ〜」と私が言うと笑ってる。

大丈夫だよ、安心していてね、私が最期にしっかりバトンを受け取るからね。いつも一緒にいてくれてありがとう。

看取りは、国を護る思いと同じ

久村寿美

ひさむら　すみ
青森県八戸市出身。広島県呉市在住。
「看取りステーション樹の音くれ」所長
元海上自衛官　航空整備士。海自教官の主人、海自通信員の娘、海自パイロット訓練教育隊在任中の息子、小四の次女の5人家族。2019年呉市市民公益団体「樹の音会」を設立。九州大学医学部名誉教授　井口潔先生の最後の弟子。委嘱状を頂き井口教育論を広めるため「寺子屋きのねっこ」を主宰。その他の主な活動は整体『樹の音』、居酒屋『樹の音亭』。

「何言ってんの？ 兄さん？」

青森県八戸市生まれで、共働きに出ている両親に代わり、家に居たのは近衛兵出身のとても厳しい祖父と詩吟教室をしていた祖母、学校の教員の叔母と兄と妹、そういう家族の中で私は育ちました。

男は柔道、女は弓道をする家でしたが、私は父に憧れ柔道をやりました。高校1年生の時に父親が自殺で亡くなり、体育の先生を夢見ていた私は、大学進学をあきらめ、地元の百貨店で人事総務課勤務となり女子柔道部を作りました。

実家近くの借家に母と妹と住んでいましたが、その借家が火事になり母親が亡くなりました。20歳の時でした。

どうしても柔道がしたかった私は、海上自衛隊に入隊。そこでオリンピック選手がたくさん出ている自衛隊体育学校を希望し、入校が許され柔道に励んでいました。しかし大怪我をして柔道ができなくなってしまい、それから航空機整備士の道へ進み、そこで頑張っていました。

ところが可愛がっていた後輩が突然、脳梗塞となったのをきっかけに、「私は飛行機の整備士をやっている場合ではない、人の体を整備したい！」と思い、自衛隊を辞めて、理学療法士の学校へ入学しました。

30歳で理学療法士になるために学校に通い始めていましたが、ここで人生のターニングポイントを迎えました。

自衛隊柔道の同僚との間に愛が芽生え、授かり婚をして、知り合いのいない広島県の呉市へ来ることとなりました。夫は長期出港の多い艦艇で、唯一頼れるはずの存在が傍にいない……。初めての子育てで、相談する母親もいない環境で子育て鬱を経験しました。

そんな中、「これじゃあ、いけない。私は何のために自衛官を辞めたの？」と自分に問い、初心に戻り、子供を抱えて整体の勉強をし、厚生労働大臣認可の整体師になりました。病院勤務を経て、リラクゼーション「樹の音」を開店させました。

「樹の音」の由来は、木が水を吸い上げる音が心臓の音によく似ていて、元気な木は元気な音が聞こえ、元気のない木は音がしません。一本の木ではなく、たくさんの木（樹）を元気にさせたい――と思ったのです。それに、木の根っこをしっかり元気にさせると上が青々と繁ります。そんな意味を込めて「樹の音」と名付けました。

樹の音で本当にたくさんの方々に出会いました。その中で、兄さんと呼べる方が現れました。船井勝仁さんです。

勝仁さんから「寿美ちゃん、生まれてくるのも大イベントだけど、死んでいくのも大イベントなんだよ」の言葉に衝撃を受けて、「何言ってんの？　兄さん？」と、……しばらく放心状態。

両親を看取っていない私にとって、死んでいく過程がよく分からないのです。そんな状態の私に、「映画『みとりし』の上映会をしてみたら？　柴田久美子さんとも会ってみたらいいね」と言い、スケジュールがどんどん決まっていきました。

令和3年12月に初めて海上自衛官の街、広島県呉市で「みとりし」上映会をしました。呉市は、15万人以上の街で高齢化率全国第4位だそうです。多くの方々に映画を見ていただき、上映会後の主催挨拶で「私、看取り士になります！」と宣言していました。

（えーっ!!　何言ってんの？　あなたこれ以上仕事できるの？）

もう一人の冷静な私が心の中で問いかけていました。

なぜなら、整体「樹の音」をやっていて、鹿児島県知覧の富屋食堂の鳥浜トメさんの生き方に共感して、海上自衛官、海上保安官の集う週末のみの居酒屋をやり、月曜日～金曜日の放課後は九州大学の元軍医である井口潔先生監修のもと、感性教育の「寺子屋きのねっこ」もやっているからです。

それでも、まぁ初級くらいは取っておこう……有言実行の私は、コロナ禍の中でDVD受講しました。

初めての上映会の1年後に、呉市長と柴田久美子会長、船井勝仁さんを招いての上映会を行いました。上映会が終わり、その直後に柴田会長から、「久村さん……船井さん、中級と上級の講座しますよ。どうされますか？」と連絡がありました。

「分かりました！　行きますよ。受講しますよー」

はっ……はまってしまった。……流石、元、バリバリのキャリアウーマン、営業がうますぎる！

こうして、私は看取り士になりました。

「えっ？　えぇー?!　故郷に帰るの？」

子育て中に鬱になった体験もあり、自衛官を辞めたきっかけも人の体を治したいと思い、リラクゼーション樹の音を立ち上げて丸18年……。

知覧の母、鳥浜トメさんに共感し、居酒屋「樹の音亭」を立ち上げ丸5年。

そしてまた、九州大学医学部名誉教授の井口潔先生から、「よい子ではなく、よい親になるように育てなさい」と言われ、「寺子屋きのねっこ」を立ち上げ、走り回っていました。

「寺子屋きのねっこ」は、共働きも多くなっている今、主人が出港中、お母さんもフルで働いていて、忙しすぎて全く躾ができていない子どもが多く見られ、このままではいけないと思っていた時に、監修に入って頂いた井口先生に「母親を育ててください」と託されました。

とても大切な幼少期……人生の基礎となる時を、なぜ、躾ができていないのかな。10歳までの躾、立腰、挨拶、靴揃え、箸の持ち方指導、そして好き嫌いなく食す温かい食事……。寺子屋を初めて丸3年が経ちます。子ども達の成長が半端なくすごいので、親御さん達が驚くくらいです。

そんな中、衝撃が。

「親が弱ってきていますので、帰郷します」

きのねっこ塾生の6歳と3歳の子供を持つ父親、現役自衛官30代半ばです。バリバリ仕事をこなしています。それなのに……。

えっ？　えぇーっ？　かっ帰るの？　自衛隊、国家公務員辞めて……?!

箸の持ち方も2人ともとても良くなり、野菜を一切食べなかった2人が好き嫌いなく食べれるようになったのに。少しネグレクト気味の母親に2人の男の子。ショックだったなぁ。というよりも、仕事もバリバリできる自衛官が郷に帰るというのが、益々ショック。

私の主人の両親も高知県で入院し早くに亡くなりました。しょっちゅう帰省していましたが、弟が居たので自衛官を辞めての介護には至りませんでした。この30代の自衛官のお父さんは福岡

県で自営業をされているようで、最後まで父親を看てあげたいんだと言っていました。

確かに今、1人子や2人子が多いですね。若者が少なくなり仕事が増えています。正直、今からもっともっとこのようなことが増えると思いました。

「安心して国を護れるシステムに」

少子化の今、兄弟が少なくなり、子ども一人ひとりの親の介護の負担が重くなってきました。海上自衛隊の艦艇に乗っている人は、親の死に目にも会えないと昔は聞いていましたが、今では親御さんが危篤ですと言えば、前もって艦艇から下ろしてもらえます。

しかし、何故でしょう、故郷に帰るとは。1人子だったりと理由は様々ですが、自分が故郷から遠く離れて暮らしていて、親のことが心配で心配でたまらないという人達が多いのも事実です。自衛隊OB会で隊友会という組織があります。私もその地区の分会長をさせていただいていることから、集合がかかりました。その時の会議の内容は、艦艇あるいは災害派遣された時の家族の安否確認を、我々自衛隊隊友会のOBが代わりに遂行するというシステムができるということでした。祖父母が傍にいない家族も多い中で、できる者が守ってあげるシステム作り、素晴らしいと思いました。

それでは、国を護っている若者達、自衛官の親御さんたちを見守り続けるシステムがあっても良いのではないかと考えると、この看取り士制度は大変素晴らしいシステムではないでしょうか。もう1人の家族として、我々がしっかりと家族と同じくらいお世話ができる看取り士制度をもっともっと知ってもらいたいと思います。

この素晴らしい国を大切にして

船井勝仁さんと私は看取り士同期になります。同じ日に同じ学びをしたということです。

元海上自衛隊の私は同期をとても大切にします。同じ時間を過ごすということは、苦楽を共にしたという意味で、海上自衛隊は、昔の海軍の時から「同期の桜」を大切にして歌ってきました。今でも歌っていますよ。

やっと看取り士上級まで取得し、やれやれ〜と思っていた矢先、私が会長をやっている呉市市民公益活動団体の懇親会の時、会員で介護支援専門員の仕事をしている金安直美さんが大きな

ビールジョッキを片手に持ち、突然、泣き出したのです。

「私の利用者さんにもっとしてあげたいのに、保険の範囲内でしかできないんです。悔しいんです」と。

すかさず私は「えーっ！　私、先日、看取り士取ったんよ！　なおりんも取りなよ！　樹の音会メンバーもお手伝いするよ！」と言っていた（笑）

その後、何人かの樹の音会員さんは看取り士を取得してくれました。

そんな時、一本の電話が鳴りました。

「柴田です。胎内体感をしたらステーションを立ち上げることができる条件が整います。船井さんも受けましたよ。亡き両親にも会えますよ」

「分かりました。やります、やりますー」

また、はまってしまった……。

今回は、介護支援専門員の金安直美さんと共に岡山県の看取り本部へ、いざ出陣！

2泊3日の黙浴、黙食、1人畳半畳の部屋でひたすらに幼少期に戻り、親と会話する。亡き両親と向き合う。時間の経つのも忘れ、夢中で父母のことを思い出す。いろいろ忘れていたこと、嫌なことも楽しかったことも思い出す……、涙が溢れて流れ落ちる。

感謝の一言しかありませんでした。私を抱きニッコリ微笑んでいる両親の顔しか思い出さなくなりました。

「魂は行き来できるんだー」そう感じた日でした。

一緒に行った金安さんは面白かったですよ。行く時には「父親は許せない！ 絶対！」と言っていたのですが、帰りには「お父さんも大変だったんだなと思う」って。あれにはビックリでした。

その金安さんの主人も海上自衛官です。私の主人も海上自衛官です。この毎日の幸せな日々を送れるのも、彼らが居るからです。彼等が居ないと、この日本を守ってくれる人達が居ないと幸せな日々は維持できません。

３６０度、海に囲まれているこの日本は40％程の自給率しかありません。60％は海外の食料を輸入している状態なのです。今、この一瞬の時間でも若者達が24時間体制で外国と睨み合っています。幸せな看取りも、この国を護っている者たちが居るから、看取ることができるのです。今、国があることは当たり前ではなく、この素晴らしい国を大切にして、大切な人を看取れる事に感謝して、

やさしく　やさしく　ありがとう。

ヨーロッパでも看取り学を広めたい

デリニエ　里美

でりにえ　さとみ
山梨県出身
日本赤十字中央女子短期大学（現・日本赤十字看護大学）卒。個室病棟、企業健康管理室勤務後、慢性期疾患病棟にてアロマセラピーの力に気づく。英国にてアロマセラピストの資格を取得。帰国後、アロマセラピー施術・講師、高齢者居住施設勤務（看護師として）を経て、結婚にてスイスへ移住。チューリッヒ市子育て支援F.T.日本語担当後、現在Farfalla社（エッセンシャルオイル等扱い）品質管理部門勤務。2019年に看取り士となる。

病院に家族が入院している欧米の事例

「えっ！　ずっと一人で放っておかれるの！」

私の友人が、彼女の義理のお姉さんがスイスで亡くなった時の話をしてくれた。かれこれ、7、8年前のことである。

レストランで食事をしながら、彼女は急に思い出して、その時の様子を話してくれた。

「少し前、義理の姉の危篤の連絡を受けたんだけど、かなり離れた場所に住んでいた彼女のお見舞いに行くことは、とうとうできなかったの。で、亡くなってから葬儀のためにある教会へ向かったの。その時すでに彼女は教会の地下の安置室にいたの。お義姉さんに会いたい気持ちもあったんだけど、なんか、ああいう死体が横たわっているところに怖くて行けなかったの。死んでいる人のところに行くのには勇気を振り絞らなくては行けない感じがあって。とうとう行けずに終わってしまったよ。でも、あの時お別れを言っておけば良かったたって、今になって後悔してるんだ」

その話を聞いた後、私は数人の友人に、スイスで人が亡くなった時の様子を聞いてみた。

数時間後に旅立ちが近いと判断されると、臨終の場に立ち会えるように呼んでくれることが多いという。そして、亡くなった瞬間に立ち会い、最後のお別れをする。

そのお別れの後、家族は亡くなった方を背に、帰宅する。そこにはもう生きていた時の様に魂は存在せず、抜け殻のような身体のみが残り、もう心ある人間ではないとカテゴライズされるらしい。この線引きは、寂しすぎる。

故人は、葬儀の日まで病院もしくは教会の安置室に一人で寝かされる。もちろん、誰でもお別れを言いに、いつでも訪問することはできるようだが、基本一人で安置室に横たえさせられる(放っておかれる)のである。

アメリカでも同様の経験をしたことがある。これは欧米の典型的なスタイルのようだ。また、もし葬儀の日までの日程調整等で時間がかかる場合は、火葬されるか、腐敗防止の処置をされ、葬儀が行われる。

誰もが後悔しない死のカタチ

私は、日本に住んでいた時、看護師をしていた。

看護師になって最初の勤務場所は、個室病棟だった。もちろんそのほとんどの入院患者様は、経済的に余裕のある方々だったが、それ以外に、他の病棟で旅立ちそうな方々が、その病棟に個室がない時に転棟してくるケースが多かった。

必然的に多くの患者様を看取る体験をしたと思う。親しい友人や家族に看取られた患者様方のほとんどが、家族と共に葬儀社の車で家に帰る、もしくはその車の前をご家族が自分の車で先導しながら家に帰る。そして家でいつも寝ていた布団に横たえられ、祭壇を作っていただく。

つまり、亡くなってから少なくとも火葬まではいつも家族と一緒というのが私の普通のイメージだった。その私の普通が見事に壊されてしまった。このヨーロッパでの死のスタイル、絶対にイヤ！

だったらどうするの？ と言っても、どこで何をどう学び、どういうふうに家族に私の意思を伝えれば良いか、私には全くわからなかった。

「日本では亡くなったら一緒に家に帰り、身体がまだそこにある最後の時を家族と分かち合うの。だから同様に宜しく！」と言ったとしても、わがままな日本人の身勝手と軽くあしらわれるかもしれない。

奇妙な願い、と思われその願いは却下されるかもしれない。そもそもスイスでは、亡くなった方のご遺体は家には帰って来ないのが普通なのだから。

自分が死ぬ時、「ああ、いい人生だった」と思いながらこの世を去れたら素晴らしいと、以前から思っていた。それが幸せな人生の究極であり、できれば私の家族にも同じようであって欲しいと願う。

そんな願いから、「誰もが後悔しない死」というのをプロデュースできたら素敵だなあと漠然と思っていた。

スイスで看取り学講座を続ける

そんな時、偶然「日本看取り士会」のホームページを見つけた。読めば読むほど魅力的で心が躍った。

看取り学講座の申し込みをし、職場で休みをいただき、講座に合わせて日本に帰国。当時は今と違って胎内体感を数日行い、その後、看取り学中級以降の講座を取って行くスタイルだった。

「家族と共に向き合う夢のある死」について、「看取りの作法」について学習していき、素晴らしい学問だと気付いた。これは、机上の空論から生まれたものではなく、柴田会長の信じられないほど多い看取りの経験から綴られた体験から学ぶ実践学であり、だからこそ私の心にストンと落ちてきた。仕事柄少なからず死を何件も体験している私の心に響いた。

私達にとって、非日常である「死」。その「死」に直面した時、人はその振る舞い方や心穏やかに送るす

べを知っているだろうか。私は、不安なく故人を送るそのすべを人々に伝えたい、と特に強く思った。

この知識・作法を持っていたら、きっと義理のお姉さんを亡くした友人は、迷わずお別れを言えただろう。そして後悔の念を持つことなく前に進めていただろう。

この学習を終えた私は、スイス人の夫に看取りのスタイル、息を引き取った後もエネルギーを受け取ってほしいこと、また、病院で亡くなった場合は家にわずかでもよいから帰って来たいことなどを伝えている。素晴らしい学問をしっかり背景にして。

今、私が重きを置いているのは、スイスで看取り学講座を続けていくことだ。一人でも多くの人に、違った文化の中でも自分らしさを保ちながら家族で共に命のバトンを渡し合う、その素晴らしさを伝えて行きたいと思っている。

2022年10月28日　在スイス日本大使館文化センターにて、
映画「みとりし」上映会＆ミニ講演

今まで受講された方々からは、素敵なコメントをいただいており、逆に私が勇気づけられている気がする。海外だからこそ日本の看取りをこちらの日本人の皆様に意識していただきたい。

遠く離れていても繋がる看取り学

ヨーロッパでなぜ看取り学かという、もう一つの理由がある。

日本から離れて暮らしている私達は日本の家族の臨終の場に立ち会える確率は低いと思っている。だからこそ親世代が弱ってくる少し前あたりから、看取り学を学び、もしもの時の不安感を心の中から減らすことは大切ではないかと思う。

また、親世代が弱ってくる時こそ、日本の家族への日頃のコミュニケーションを増やしていくことは大切だと思っている。

話は少し脱線するが、私が結婚する時、私には相手に対する自分への条件がいくつかあった。価値観と食生活、笑いのツボは同じでなくてはならないのだが、それ以外に私が相手に対してできるかどうかという四つの条件である。

1. その人を愛せるか。
2. その人を尊敬できるか。
3. その人に誠実に接することができるか。
4. その人を信頼できるか。

これらの1つでも欠けていたら、私は結婚していなかったと思う。

幸い夫は条件をクリアしていたが、私はこれを今、日本に住む家族に当てはめて、それらを意識してコミュニケーションを取るようにしている。

変わらぬ家族の信頼のもとに、今まで以上に愛情を注ぎ尊敬し誠実に接する。今まで以上に会える時は会い、コミュニケーションを取る。

もし、家族の臨終の場に立ち会えなくても、それらの意識を強く持ち毎日を過ごすことにより、繋がりが太くなっている気がする。結果、万が一、看取りの場に立ち会えなくても、不安が軽減するような気がする。

看取り学で学んだ「大丈夫」と「ありがとう」をもちろんたくさん意識して。

アロマセラピーの喜びを伝えたい

私が日本で看護師をしていた時に、香りに興味を持ち、アロマセラピーを学び始めた。エッセンシャルオイルが体や心に良い結果をもたらす気がする、のではなく、良い結果は科学的根拠からの裏付けが確立されている。

ある日、アロマスクールで作った香りのクリームを、本人が好きな香りだと言うので、ガンの末期の患者さんのお顔に塗ってみた。

「ああ、良い香り」と笑顔に溢れていった。好きな香りは動けない患者様にとって、喜びをもたらすエンターテイメントになる、と感じた。そして、その後病院を辞め、英国でアロマセラピストの資格を取った。

エッセンシャルオイルの体への働きは、アロマの世界では有名だが、私は、単純に好きな音楽を聴くように、好きな香りを楽しむ、というのは、少なくとも究極の喜びだと思っている。

身体への働きも含め、人生最後に向き合った時のアロマセラピーを学ぶというのが今の私のテーマであり、こちらで時々私のテーマに合ったコースを取っている。

幸運なことに今の職場がエッセンシャルオイルやビオコスメを製造販売、またスクールを運営している会社であり、学べる環境でもある。こちらで学んだことをいつか日本の看取り士の方々にお伝えできれば喜ばしいことである。

今後のライフワークに

ヨーロッパに住んでいる私がなぜ看取り士になったたか。きっかけは、自分と家族の幸せな最期のためだったが、文化の違いを踏まえた上でこちらにいる日本の方々に、この看取り学を伝えなければ、と思ってしまった。

この知識を自分だけが持っているのはもったいないと感じてしまったのだ。もちろんいつか看取りの依頼があれば、日本の先輩看取り士の皆様の助言を頂きながら、誰もが満足できる旅立ちをプロデュースしてみたいとも思っている。また、旅立たれる方々が、アロマ（香り）を人生最期の喜びの一つとして感じ取って下されるようなアプローチも考えている。

自分なりのテイスト「アロマセラピー」を加え、この「看取り学」を私のライフワークと捉えてゆっくりと前に進んで行きたい。

いま、光の中で

青柳利佳

あおやぎ　りか
1965年　愛知県出身
看取り士　介護福祉士
日本看取り士会愛知東海研修室所長。看取り学上級講師
介護士として看取りを追い求めている時に、柴田久美子会長の死生観に出会い2018.6看取り士となる。2022.5看取りステーション愛知「空（くう）」を開所。プラスの死生観を広めるため、看取り士養成講座の講師として活動中。
mitori.kuu@gmail.com

普通の主婦から介護福祉士へ

私は普通の主婦。息子2人の子育てをしながらパートとして医療現場で働いていました。認知症病棟のある大きな病院に転職。この職場で、看護師さんたちの学びへの意欲と、いつも笑顔で明るく患者さんに話しかけている対応に驚き感銘を受けました。

認知症の知識など殆どなかった私は、意識高い看護師さんと一緒に働くことが楽しくなりました。医療現場とは、正確さを強く追い求め、厳しく冷たいと感じていましたが、そこには、厳しさや正確さの中にも、温かい心を持ち、笑い声に包まれ、楽しそうに働く看護師さんたちの姿がありました。「私も、学ぶ姿勢を持ち、明るく温かく接していきたい」こんな思いから、介護福祉士を取得ました。

介護士から看取り士へ

私の父と母は共稼ぎで、祖父母は遠方に暮らす。まさに核家族という環境で育ったわがまま娘が、介護の現場で高齢者様とのコミュニケーションは不安ばかりでした。知識は学んだが経験がない、一からの介護業務が始まりました。派遣でデイサービスに勤め、新設の有料老人ホームに転職。夜勤も経験し、介護職の魅力にはまっていきました（私には介護しかない）。

技術の未熟さはそっちのけ。体育会系の勢いだけでユニットリーダーを経験。医療依存度の高い入居者様のフロアマネージャーになりました。このフロアでの関りが、看取り士になるきっかけとなります。

寝たきりの方や、胃ろうや嚥下障害で自分の口から食べることのできない方、余命宣告された方が入居されるフロアの介護責任者である。お看取りをさせていただく回数は増えていった。

それまで、私生活での看取りの経験がなかった私にとって、「死」は怖くて暗くて冷たいもの。できれば私の勤務でないときに旅立ってほしいとさえ思っていた。お看取りになると経験豊富な看護師さんの指示通りに動いていました。そんな私も、お看取りの回数が増えてくると、介護士として何かもっとしてあげることがあるのではないか。（あんなにお水を飲みたがってるのに飲ませてあげられない）（その方につきっきりでそばにいることができない）（私の感じていることは間違っているのかしら）。

そんな思いからインターネットで『看取り』というワードを検索して、他の施設のお看取りではどんなことをされているのかを調べ始めました。そんな時に「日本看取り士会・看取り士」というワードが画面に表示されたのです。

どんな団体なのか、少々不安はありましたが「日本看取り士会のホームページ」をクリックしました。平成二八年三月のことです。すぐに、看取り学講座が名古屋であることを知り、初級と中級講座を迷わず申し込みました。

四月、柴田久美子会長の中級講座を受講させていただきました。

（なんて素晴らしいのだろう。私の感じていたことは間違っていなかった）

「看取り士になりたい。なろう！」

柴田会長の優しい声に、心はすぐに決まりました。

三か月後の六月、富山県にて五泊六日の胎内体感を経て看取り士となりました。介護付き有料老人ホームの常勤として、またフロアマネージャーであった私が、この長期のお休みを取ることに、施設長はいやな顔せず背中を押してくださいました。その時まだ中学生だった次男は、「いつ帰ってくるの。ふーん。いいよ」と案外軽く承知してくれ、長男と旦那さんの運転で富山県まで送迎してもらいました。

上司と家族に恵まれて、そして、お看取りをさせていただいた方々から、私は素敵なプレゼントをいただくことができました。

胎内体感の最終日、暮らしの作法の実践として窓を拭いていた私の目には、新緑の鮮やかな緑と、清らかに澄み切った空間の中に沸き立つ雲が飛び込んできた。看取り士という肩書に、なぜか震えるくらいに気が引き締まったことを覚えている。

素敵なプレゼントをありがとう

●魂の大きなAさん

小柄で大正生まれの強さをお持ちのAさん。誤嚥があり医師から飲水禁止の指示が出ていました。Aさんが希望しても、水を飲ませてあげることができません。のどの渇きに、職員の手をつねったり、ひっかいたりする日が続いていました。

お孫さんの面会日は、お孫さんの管理の元でトロミをつけたリンゴジュースが数口飲める。なのに、なんで職員さんは誰も飲ませてくれないのか。みんなで私をいじめているんだ。被害妄想はエスカレートしていきました。表情も厳しく居室の空気感はピーンと張りつめたようでした。そんなある日、パッド交換の後に「お水を差し上げることはできないんですよ」とお伝えすると、やさしくうなずいてくれたのです。まさに、エリザベス・キューブラー・ロスの唱えられた死の受容のようだと思いました。

その後、介護拒否は全くなくなり、数日後に旅立ちを迎えました。深夜の2時ごろだったと記憶しています。一旦家族様がご自宅に戻られたので居室に訪室させていただきました。既に日が昇り始める時刻になっていたので、東側のカーテンを開けました。柔らかい日の光がやさしくサーっと差し込みます。

何気なく振り返ると、今までに見たことのない、綺麗な色の光がキラキラキラキラ、Aさんから天井に向かって浮かび上がっているのです。なんて美しいのだろう。ずっと消えないでほしい。こんなにキラキラと美しい光を私は忘れることはできません。Aさんはとても魂の大きな方だったのだと思います。ありがとうございます。

●Bさんの満面の笑み

「お疲れさまでした」仕事が終わり、勉強会に参加するため急いで更衣室で着替えていました。途中で、なんとなくBさんのことが気になりBさんの居室に伺いました。旅立ちが近いと看護師から聞いていたからです。

Bさんの居室に入ると、彼女の呼吸は浅く数分後静かに旅立たれました。

若々しい好青年の息子さんが到着され、どうしたらいいかわからない様子で私のそばに来られました。「触ってあげてください。おかあさん待っておられましたよ」とお伝えしました。

少し舌足らずの息子さんは、Bさんのお顔を両手で包み「おかあしゃん」と声を掛けられました。私は、彼の優しいしぐさに驚きました。まるで、母が幼子の顔を愛おしいあまりに両手で包み込むかのようでした。すると、息子さんの両手に包まれていたBさんのお顔が変わったのです。無表情に閉眼していた顔から、満面の笑みになったのです。

「お母さん、笑ってるね」と私が息子さんに話しかけると、コクンと頷かれました。「いつも笑顔でね」Bさんは息子さんに笑顔を残されたようでした。ほんの一瞬での変化に愛の深さを感じました。ありがとうございます。

●綺麗な旅たち

寝たきりで四肢拘縮《こうしゅく》のCさん、両下肢は冷たく、チアノーゼが現れていました。毛布で包んで温めていたのですが旅立ちを迎えてもチアノーゼは残っていました。入所されて数日の関わりでしたが、力が抜けて楽ちんになったお姿に「お疲れ様」の気持ちを込めて、衣類や寝具を整え家族さんの来所を待っていました。すると担当の看護師がニヤニヤと私のそばに来て「何やったの」と聞くのです。何のことだかわからずキョトンとしている私に「チアノーゼまったくなくなってるよ。何かやったんでしょ」といわれたのです。びっくりしました。

私は衣類や寝具を整えただけ。もちろん特殊な能力も持ち合わせてはいません。私自身が驚きました。以前、看取り士のお仲間と話していたときに、

「旅立たれる時、皆さんどんどん綺麗になられていく。ほんとに綺麗になられます」と言われたことを思い出しました。Cさんだけでなく、旅立ちをお迎えになられた皆さんは、本当にどんどんと綺麗になっていかれます。お顔の表情はもちろん、お身体も、心も、関係性までも綺麗に

されて旅立たれることを教えていただき、実際に見せていただきました。ありがとうございます。

父の旅立ちにも安堵の涙

「オーラが変わってみえました。とても穏やかな緑、ピンク……」

父が旅立ち、二度目の胎内体感を想和庵（日本看取り士会　滋賀研修所）で終えた私に、柴田久美子会長がくださったメッセージの一部です。

私は父が旅立った時、一滴も涙が流れなかった。その代わりに、うまく表現ができないが、いつでもそばにいてくれるような、悲しさではなく感謝のような、ありがたいような気持ちになったのを覚えています。

父は享年七九歳で天国に旅立ちました。救急車で運ばれた病院に駆けつけた時、ＩＣＵで心臓マッサージの真っ最中。私は父の足に触れて「ジーちゃん、もう大丈夫だからね」と声をかけて待合室でおろおろと私を待っている母のところに急ぎました。

母と相談して、延命をやめていただきます。母と兄、二人の孫に囲まれて、すぐに父の旅立ちの時が訪れました。アルツハイマー型認知症の父が食道がんも発症して、母が一人で面倒を見てきました。

旅立ちの当日、いつものように母の作った野菜をくたくたに煮込んだ味噌汁を飲み、プリンをぺろりと食べたという。その日の十一時ごろに、床屋に行く予定でお風呂に入り私が迎えに行くのを待っていた。湯船に浸かったまま、天国に旅立っていった父。

看取り士の先輩が「とっても気持ちよかったんだろうね、大好きな人が迎えに来てくれるのを、大好きなお風呂で待っているなんて、こんな幸せなことはないよ」と言ってくださいました。、この素敵なやさしい言葉に、安堵の涙が次々と溢れ出てきました。

同じ志の仲間に支えられて

令和四年五月一日、日本看取り士会　看取りステーション愛知「空《くう》」を開所させていただきました。空を見上げると、太陽・月・星・雲・虹・雨・風・雷・空気等いろいろなものが存在しています。鳥が飛び、やさしい風が花の香りを、季節を運んできます。透きとおったスカイブルーであったり、重く垂れさがった雲に覆われていたり、嵐の後に穏やかな日の光がさして、キラキラと星が輝きます。こんな思いから副ステー

在りし日の父と愛犬マヤ

ション長の伊藤さんと一緒に「空《くう》」とさせていただきました。（仏教用語の「空」とは真逆の意味合いかもしれません。）

現在（令和五年三月）ステーションは四カ所となり、同じ志で結ばれた二十三名の看取り士さんが登録してくださいました。また、想和庵で共に学んだ看取り士の方々、胎内体感で結ばれた仲間の存在は、弱い私の心を支えてくれています。本当にありがとうございます。

全ての人が最期、愛されて旅立てる社会を目指して、地域に貢献してまいります。出会ってくださった方々、今から出会ってくださる方々に感謝の気持ちを忘れずに。

いま光の中で、
この一秒一秒を、大好きなぬくもり、大好きな音、

柴田会長と支えてくれる仲間たち

大好きな香り、虹を見たときの心のままで。
皆様が暮らしていけますように。

奈良を看取りの聖地に

乗本奈穂美

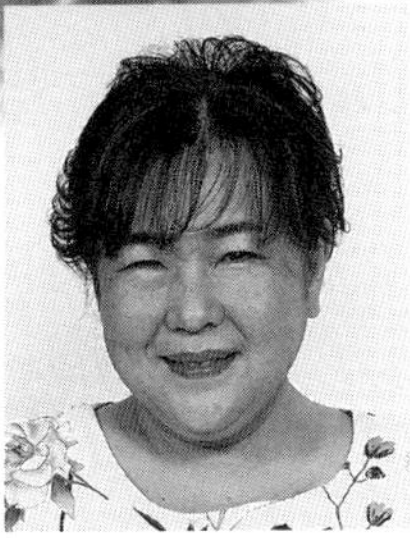

のりもと　なほみ
1962 年 3 月 24 日生
看取り士、ペット看取り士、介護福祉士、日本語教師、バジャンシンガー、日本看取り士会奈良研修所所長、看取りステーション奈良ほほえみ代表
世界中のすべての人が愛されるようにと祈り歌い、長年、モンゴルの児童保護施設“太陽の子どもたち”を支援、命の尊さを知る。奈良で初めての看取り士となり、看取り学講座を開講。2 年で 83 人の看取り士を誕生させる。現在は、看取り士を育成するとともに、看取り派遣の現場で旅立つ方に寄り添う。胎内体感講師資格をとり、奈良研修所で二泊三日の胎内体感研修を行う。日本看取り士会 10 周年記念では、映画みとりし上映会の上映回数及び動員数で、日本一となり最優秀ステーション長に選ばれる。

誕生のとき

奈良の奈に稲穂が美しく実れば実るほど、頭を垂れて生きていくようにと奈穂美と名付けてくれた両親。両親は、奄美大島出身で私は大阪生まれの大阪育ち。主人は岡山県出身だが、私は今、名の通り、奈良に住んでいる。

私が生まれて初めに住んだのは、大阪のアパートで、六畳一間、共同トイレ、共同炊事場。すでに父は神経症を患い、母は大きなお腹を抱えて神戸の山の上の病院に面会に行ったそうだ。私が生まれた時は、父は退院していたが母の不安な気持ちを敏感に感じていたのか、夜泣きがひどく、病気の夫を寝かすために夜中に毎晩泣いている私を抱いて母は、外を歩いた。

ある日、もう疲れて、意識が朦朧とする中、泣き止まない私を連れて線路に飛び込もうとした時、あるご婦人が「この子は、大きくなったらきっと歌手になるから、大切に育てなさい」と言ってくれたそうだ。

あの時、もし、うるさいと怒鳴られていたら、親子で死んでいたとよく母は語った。祖母は、母が10歳の時に亡くなり、祖父も20歳には旅立っていた。母は頼る人がいない中で私を産んだ。

もう一人の母

私には、もう一人の母がいる。死は、恐れや不安、悲しみだけではないことを教えてくれた日本看取り士会の柴田久美子会長だ。

人は旅立つ時、魂に蓄えた膨大なエネルギーをかたわらの人に受け渡す。それが、看取りの時であると死の真実を教えていただく。人は生まれてきたら、必ず、旅立つ日が来る。生まれてきた時に3つの大切なものを両親からいただいて生まれてくる。それは、この身体と良い心、そして魂。旅立ちの時、今まで自分だと思っていた身体はもう動かなくなり、灰になりますが、良い心と魂は、どこにいくのでしょうか。目には見えないけれど、確かに心は存在していた。思いやりや人を愛する気持ちが消えて無くなるとは、到底思えない。

それは、触れて、抱きしめて看取った子や孫、残された家族に受け渡される。それが、命のバトンであると教えていただく。子や孫は自分自身の良い心と魂に旅立った方の魂を重ねて共に生きていく。それが生きる勇気や元気となり、魂のエネルギーは重なり進化を遂げる。

当時、介護福祉士として、認知症の専門病院、グループホーム、特別養護老人ホームで働いていて、旅立ちがあっても、あまりの忙しさに寄り添う暇もなく、人の尊厳とは何か、これでいいのだろうかと思っていたので、この真実に感銘を受けた私は、いつか、旅立つ母を抱きしめて、自宅で看取りたいと看取り学を学び、看取り士となった。

両親の旅立ち

若い時から、「人は何のために生まれてくるのか、人はなぜ生まれ生きているのか」と自分に問いかけてきた。インドを旅し、〝マザーテレサとその世界〟や〝地球交響曲ガイアシンフォニー〟の上映会を主催していた30代。

縁あって、モンゴルの児童保護施設〝太陽の子どもたち〟の支援も長年、続けてきた。あなたも愛されて生まれてきたのだと抱きしめてあげたいからだ。

家族が父をはじめ、妹と弟が入退院を繰り返してきたので命の大切さは肌で感じていた。母は大変苦労をしてきたが、今日の命があること、今日、息ができていることにいつも感謝していた。口癖は、〝あ～幸せ〟だったので、周りからは幸せ母ちゃんと呼ばれていた。

看取り学を学んで、命とは、魂とはと問い続けてきた答えが見つかった様に感じた。

父は76歳の時、お正月にお餅を詰まらせて突然、亡くなった。家族が見守る中で起こった出来事。父は本が好きな頭の良い人だったが、長年、心の病気で苦しみ、アルコール依存症にもなり、命を絶とうとしたことが2度あったそうだ。その時、子供3人の顔が浮かび、思いとどまった。自ら命を絶たなくても突然、死は訪れた。命の儚さ、命の尊さ、身体はなくなってしまうが魂は永遠であってほしいと願う。

母は私が看取り士となった半年後、81歳で旅立った。これもまた急なことで、3月1日にディサービスから救急搬送され、3月5日に旅立った。

3月3日は娘の高校の卒業式で、本来なら母も参列する予定でした。消えゆく意識の中で母が、繰り返し言っていた最後の言葉は、「ありがとうございます。感謝します」この言葉がずっと耳に残っている。

病院のベッドの上ではあったが、看取り学で学んだ看取りの作法で母を抱きしめて看取る。4時間もの間、抱いていました。自宅に連れて帰り、母の身体は2日間あたたかかった。ドライアイスは入れずゆっくりと触れて温もりを感じて、冷たさをもしっかり受け取るのが看取りの時。息を引き取った瞬間にこだわらず、耳は聞こえているので、感謝の言葉、ありがとうを伝える大切な時間。看取りは続いている。

私が抱きしめられていた

その晩は、私が、母の遺体に添い寝をする。すると気づいたことがあった。私が抱きしめて看取ると思っていたのだが、本当は、私が抱きしめられていた。母の大きな愛のエネルギー、魂のエネルギーに包まれていたのは、私の方だった。涙が溢れた。

「お母ちゃん、ありがとう」と伝えると電気がフラッシュする。母もありがとうと伝えてくれた。母のエネルギーの一部は私の中に溶け込む。そう、まるで、娘を宿した時に娘の魂が私の中に入ってきた時のように。私は母で、母は私となった。エネルギーは一つに溶け合い、融合する。看取りとはこんなに素晴らしい体験なのだと教えてもらう。

死とは新たな誕生の日だった。まさに命日、命の日だ。一晩、添い寝をしていなければ、気づくことがなかったと思う。何という深い愛だろうか。

そして、不思議なことに母の身体はどんどんと美しくなった。2日目は、妹が寄り添った。3日目のお通夜は、オーストラリアから、帰国した弟が寄り添った。3日目にお湯灌をした時、本当に美しくてびっくりした。しみもしわもなくなり、浮腫さえ消えた。本来なら、死体が美しく変化するなんて、この目で体験していなければ、なかなか信じることができないだろう。のちに柴田会長に、

「誰もが、こんなに美しくなるのですか」とお聞きした。

「丁寧に看取ったらね」と応えられた。

丁寧な看取りは、本人の幸せだけでなく、残された家族にとっても癒しとなる。

母は私を本物の看取り士に育ててくれた。

胎内体感で看取り直し

前述の通り、父は13年前のお正月にお餅を詰まらせて突然、亡くなったので、もし、また会え

るとしたら、聞いてみたいことが2つあった。

一・苦しくはなかったのか

二・言い残したこと、伝えたいことはなかったのか

看取り士養成講座は、看取り学の初級、中級、上級講座と胎内体感研修というのがあります。滋賀県の研修所（想和庵）で西河美智子講師のもとで長期胎内体感を初めて受講した時、旅立った父の存在を背後から感じ、話ができたこと、質問に答えてくれたことは、私にとって大きな体験でした。父は「苦しくなかったと言い、奈穂美、ありがとう」と言ってくれました。そして、私も「お父ちゃん、ありがとう」と伝え、看取り直しが出来ました。

父は自らの死を通して魂は永遠であることをはっきりと教えてくれました。

両親の家が奈良研修所に

令和5年3月5日、母の命日に日本看取り士会「奈良研修所」として新たなスタートをした。

2泊3日胎内体感研修を開講できることは、何よりも両親からのギフトだ。

胎内体感は、当事者意識に立つことを目的として、看取り士の研修に取り入れてあり、当事者

意識とは、相手の立場に立って物事をとらえる意識を持つこと。

胎内体感の創設者である柴田久美子会長は、長年、内観の講師をされ、また同時に抱きしめて看取る実践を重ねながら、胎内に着目されました。胎内こそ慈愛の世界、そして死の世界と気づかれました。

死とは胎内に還ること。誰もが母の胎内から誕生しました。胎内にいた慈愛の世界を体験することで、こんなにも愛されていた存在だったことに自ら気づき、不安を解消し、自己肯定感を高めます。神佛と父母から愛された存在であることを感じとり、その愛を他者に手渡せる人になります。

どなたでも受講ができる胎内体感。コロナ禍で大切な人の看取りを満足にできなかった人や、臨終コンプレックスに心を痛めておられる方がたくさんいると思いますが、看取り直しをするこ

3人で奈良ほほえみスタート

とで心の癒しとなる胎内体感を奈良の地で、開講できること、お役に立てることにただただ感謝です。

看取り士の仕事は3つ

バラの花の美しい頃、ご相談の電話を頂く。奈良市に2人で暮らす80代後半のご両親を案じて、山梨県にお住まいの次女の嶋田智子様からでした。早速訪問し、まだ、看取りの段階ではないが、看取りサービス（桜）の契約を頂く。ご契約いただくと看取り士は24時間体制で何かあれば対応させていただくのでとても安心したと言われる。通常は、看取り期なら、週1回訪問と毎日のご様子を電話で確認。看取り期でない時は、月1回の訪問。

看取り士の仕事は3つ。

①ご相談対応
②臨終の立ち会い
③看取りの作法をご家族に伝授

呼吸合わせを行い、ゆっくりとご家族に抱きしめて看取っていただきます。おひとりさまの場合は、看取り士が抱きしめて看取らせていただきます。

その後、お父様は誤嚥性肺炎で入院、どんどんとレベルが低下。ついに鼻腔栄養のチューブを付けられる。病院からは、療養型の施設をすすめられる。しかし、コロナ禍で病院も、施設もほとんど面会もできない。

しばらくして、お父様は、鼻腔チューブを抜いて、ご自宅に戻られる。お家に戻られたお父様は「(家に連れて帰ってくれて)ありがとう」と智子さんに言われる。

点滴もない。お父様の肌艶は良い。発話は少ないが、しっかり反応があり、歌が大好きだったお父様に、奥様と智子さんと看取り士の皆で〝ふるさと〟を歌うと喜んで下さる。

ドクターは余命2週間から1ヶ月とのこと。無償ボランティアエンゼルチームをご希望される。エンゼルチームとは、1日最大5時間、計90時間、寄り添わせていただくボランティアチームのこと。

23時50分、呼吸が変わったと電話が入り、かけつける。不安の中におられたご家族は、看取り士さんがきてくれたと安堵の表情。お父様はまさに肉体を手放そうとしておられ虫の息。すぐに看取りの作法を智子さんにしていただく。十分もたたないうちに、娘の腕の中で、安らかに穏やかに旅立たれる。

お父様に会いに来られ、関東在住の初めてお会いする長女様は、介護士であり、仕事で看取りの経験がある方でした。智子さんの様子を見ながら、「私もベッドに上がって父を抱いていいですか」と言われる。そして、「こんな穏やかでゆっくりとした看取りができるなんて」と言いながら、自然とお父様へ感謝の言葉と思い出を話される。本来なら、この日、関東に帰られる予定でしたが、お父様の計らいはなんてすごいのだろうか。

智子さんは、残される認知症のお母様のことも心配されていた。私が駆けつけ、声をかけた時は、首を振っておられたお母様に、「お抱きになりますか」と再度お声かけをすると今度はうなずかれ、両手でお父様のお顔を大切そうに触れられた。

やさしい時が流れる……。そして、「お父さん、あなたのおかげでいい人生でした。ありがとう」とお母様は言われた。お父様も「ありがとう」と答えられた気がして、奥様に「今、ご主人もありがとうとお返事されました」とお伝えすると、智子さんも同じように感じておられて「そうだよね。お父さん、間違いなくありがとうと返事したよね」と話された。するとお父様の開いていた口がだんだんと閉じてきて、最高の笑顔になっていかれた。

皆でゆっくりと触れて、だきしめて、感謝の言葉を捧げるのが看取りの時。呼吸が止まった瞬間だけにこだわらずに看取りはまだ、続いている。ご家族のご希望でその後も、毎日の様に訪問させていただく。

ドライアイスは3日間入れず、皆様にゆっくりと触れていただき、温かさ、そして冷たさをも受け取っていただく。看取り士は春風となり、魂の火をおこし、魂のエネルギー、命のバトンをご家族に受け渡す。お父様は6日間をご自宅で過ごされた。

看取り士はもう一人の家族です

最近のお看取りは、映画「みとりし」上映会がきっかけで看取り学を学び看取り士となられた看護師の東畠佐和子さん（次女）のお母様で89歳（天理市）でした。認定看取り士は、看取りサービス（桜）が本人、配偶者、実の両親に限り、半額でご利用できます。

相談いただいたその日に訪問、ご契約。お母様に触れていいですかとお声かけすると大きく頷かれる。その2日後にお母様はご自宅で旅立たれた。夜中の12時を過ぎた頃、血圧が下がり、呼吸が変わったとご連絡をいただく。看取りの作法をしてくださいとお伝えし、駆けつける。お母様は、佐和子さんに抱きしめられながら、穏やかに旅立たれる。

お父様（ご主人）は、だんだん冷たくなっていく手を握りながら、お体の温かいところを探して触れられる。65年連れ添った奥様だ。あとで来られたお姉様（長女）にも看取りの作法をしていただく。お母様にたくさんの感謝を伝えながら、泣いておられる。看取り士の存在にも心から、感謝される。

ご家族の希望により、葬儀、火葬場、収骨とご一緒する。収骨までのお食事の時にお姉様が、

20人以上おられたご家族や親族に看取り士としてご紹介くださる。看取りの時の温かい穏やかなご様子をお話しすると、3人の妹様たちが涙ぐまれる。長女であったお母様は、妹様たちにとっても、お母さんのような存在の方だったそうです。あるおばさまは「娘に抱かれて旅立てた姉さんは、なんて幸せだっただろう。私も佐和子に抱きしめられて旅立ちたい」と話されました。

私が話している間中、お父様も、ずっと手を合わせてくださる。まさに看取り士は、もう一人の家族です。尊いありがたいお看取りの場に呼んでいただけたお母様に心から感謝いたします。

「奈良を看取りの聖地に」を合言葉に

4年前、母が旅立った同じ3月に、初めて日本看取り士会の柴田久美子会長を奈良にお呼びしての講演会では、奈良の看取り士は、私一人でした。それから、看取り学の講師となり、この2年で83人の看取り士を育成し（県外含む）、奈良の看取り士もおかげさまで50人を超えました。

人様のお役に立ちたいと看取り士になってくださる素敵な仲間がたくさんできました。看護師や介護士が半数以上ですが、葬儀社の方や納棺師、消防士、薬剤師、会計士や事務職、学生から主婦まで、10代から80代の看取り士がいます。

昨年秋には奈良ではじめて、お医者様が看取り士になってくださいました。奈良市の喜多野診療所の院長である喜多野章夫先生です。喜多野先生が、「奈良を看取りの聖地に」と言われ、看取りステーション奈良ほほえみの合言葉となりました。
「全ての人が最期の時、愛されていると感じて旅立てる社会づくりのために」と、柴田会長が常々言われるように、私達はこれからも共に歩んでまいります。一人一人は微力でも、仲間が集まれば、大きな力となりそれぞれが、ありのままできることで助け合って、優しい社会となりますように。どうぞよろしくお願いいたします。

夜泣きがひどかった私は歌が大好きで、バジャンやゴスペルなど祈りの歌を歌い続けています。いつも、映画「みとりし」の上映会で、柴田久美子会長が作詞された〝やさしくありがとう〟という歌を歌わせていただいています。
この歌を、心を込めて皆様に捧げます。

♪やさしくありがとう♪

笑顔になれた時　幸せの扉開く
愛する人に捧げよう　大切な時間を
愛することが生きる意味　そして幸せ

やさしくやさしくやさしく　ありがとう
やさしくやさしくやさしく　ありがとう

悲しみに涙する時　進む道　見失う
一人では生きられない　愛する人の笑顔に出会い
許すことは生きる意味　そして理由

やさしくやさしくやさしく　ありがとう
やさしくやさしくやさしく　ありがとう

この世に生まれた時　すべての人が
手にする天国行きの切符
旅立つ人はみんな神様
それが生きる意味　そして希望

奈良ほほえみの看取り士仲間たち

やさしくやさしくやさしく　ありがとう
やさしくやさしくやさしく　ありがとう
ありがとう　ありがとう

最後に柴田会長初め、滋賀の西河所長、全国の看取り士の仲間たち、2番目に奈良で看取り士になってくれたママ友である山岡さん、そして小泉さん、看取りステーション奈良ほほえみのサテライトステーション香芝の多田さん、新大宮の辻本さん、奈良ほほえみの仲間たち、看取り派遣のご利用者様、ご縁ある全ての皆様に心から感謝いたします。

いつも見守り応援してくれている主人と娘、妹と弟、家族に感謝いたします。父母はもちろん、義父母、ご先祖様、つながる命に、そして神佛に心から感謝いたします。


令和5年3月24日の誕生日に筆をおきます。おかあちゃん、産んでくれてありがとう！

産まれてくる時に助産師がいるように、旅立つ時には看取り士がいます。

奈良が看取りの聖地となりますように。そして、世界中が愛と平安で満たされますように。

深い愛と祈りを込めて

看取りが愛と知ったなら

西河美智子

にしかわ　みちこ
看取り士　ペット看取り士　看護師
介護支援専門員　音楽療法士
1960年　滋賀県出身

施設での介護やホームヘルパーを経た後、1997年看護師免許を取得。看取りのケアの必要性を感じ、2005年病院内にエンゼルケア委員会を発足。看取りに寄り添う看護を追求し10年後に、柴田久美子会長の看取り学と出会い看取り士となる。滋賀研修所「想和庵」と看取りステーション滋賀「たんぽぽ」を開設し、看取り士の育成や看取りのサポート、講演活動などで啓蒙中。共著「マザーテレサ　夢の祈り」

看取りが愛と知ったなら
仕事の手を休めて
大切な人の傍らに居るだろう

看取りが愛と知ったなら
幼子も一緒に抱きしめて
ありがとうと伝えるだろ

看取りが愛と知ったなら
誰も孤独にならないよう
みんなが手をつなぐだろう

縁起でもない？

「そんなチラシ置いたら、利用者さんが死ぬと思われているのかと不安になる。縁起でもない」

講演会のチラシを配るために、施設を回っている時だった。８年ほど前のこと、その頃はまだ看取り士の存在を知る方は少なく、看取りという言葉に、縁起でもない死を連想されていた。

そう話してくださる方に、教えられた。これが死のイメージの現状だということを。

玄関先で看取りの意味をお伝えすると、険しかった表情がやさしくなり涙をこぼされた。チラシを手にとり「置かせていただきます」。ともに涙で握手をして施設を後にした。

８割の方が自宅で最期を迎えた時代は70年ほど前。現在は、病院死が８割の時代が続き、身近な人の最期にも触れる機会が少なくなり。死を語ることすら縁起でもないと気遣うようになっていったようです。

死がマイナスのイメージでは、人は最後に幸せになれない。死をプラスに変えて、社会全体が看取りの尊さに気づき、支えあう仕組みづくりが必要です。

旅立つ方が遠慮しないで「こうしてほしい」との思いを語れるように。迷惑をかけるからと家族から離れる暮らしを選択しなくても、喜んで普段の暮らしが続くように。願いを込めてこの取り組みがはじめられた、日本看取り士会の柴田久美子会長と出会ったのは、日総研の看取りの研修だった。

導かれて

22歳で老人ホームの寮母として、その後32歳で看護を学び、看護師として20年。お一人おひとりの出会いが喜びだった寮母時代。

時は流れ、在宅介護も医療依存度が高まっていった。その中で、命の儚さや生きる力に触れ、誰かが関わることで生きる希望や喜びにつながる幸齢者様の姿に出会い看護の道へと歩みだした。

その頃、医療は急性期と慢性期を分けて、３か月を過ぎると退院や転院が必要となった時代だった。ご縁を頂いていた職場は、自宅に帰れない方の転院を受け入れる病棟となり、今まで経験したことない多くの方の旅立ちに出合うことになった。

幸せな最期を求めて

「もう駄目なんや。先生もそう言ってはった」

うつむかれる実さん。思わずそっと両手に触れる。氷枕を作ってきた手を「気持ちいい。」と両手で握りしめて目をつむられる。

ご家族が帰られてから、布団をかぶってぽろぽろ涙をこぼされている鈴代さん。それを見てお隣の方も泣いておられる。

寂しさを温かさに、生きる希望にできたら。幸せな最期はどこにあるのだろう。

その取り組みは、死にまつわる事を学ぶことから始まった。様々なノウハウと経験を積み幸せな最期を追求する中で10年目に出合わせて頂いた学びが、日総研主催の日本看取り士会会長の看取り学講座だった。

柴田久美子会長との出会いから

日総研の講座から1年ほど過ぎた頃、温めていた思いが叶った。当時は、10日間ほど宿泊研修を経ての資格取得だった。

看取り学の座学をもう一度学び、5泊6日の胎内体感、暮らしの作法としてお掃除を学ぶ1日。素手でトイレ掃除をしたその手で、柴田会長差し入れの桃を素手でむいて、ジューサーにかけた。その美味しかったこと。

看取りを学ぶことは、暮らしを豊かに生きる知恵を

柴田会長と講演先で

学ぶことと体験していく。暮らしを丁寧に生きることが、命を敬い慈しむことにつながる学びとなった。

柴田会長の小さな身体から、あふれんばかりのエールを受けながら10日間の研修を修了した。涙止まらない私の両手に手渡されたものは、マザーテレサのお写真でした。その感動を忘れることはない。

すべての人が愛されていると感じて旅立てるように、小さな一歩を歩みだした。２０１６年カナダでの看取り士養成講座。２０１７年映画「みとりし」の制作の取り組みが始まり２０１９年にロードショーとなった。そして２０２０年看取りステーションの開設。柴田会長の熱い想いが看取りの道を切り拓き、地域貢献の道しるべとなった。

「たんぽぽ」の歩み

日本が世界一の長寿国であるなら、私たちに必要なことは、生きる希望をつなぐこと。祝福の中で生まれて、感謝の中で幸せを分かち合って旅立つ命。

看取りという言葉に誰もが、誕生と同じように喜びや希望を感じるほど、いえもっと言葉を超えた深い愛を感じるほど、看取りが愛に変わるとき、私たちは、安心して喜んで命のバトンを手渡していけるのでしょう。

看取りステーションをたんぽぽと名付けた。

どこにでも咲いて、綿毛は自由に風に乗る。あったかくて強いお日様のようなたんぽぽ。「たんぽぽ」で出合わせて頂いたあったかい命のバトンを皆様にお届けしたいと思います。

末期の水はファンタオレンジ

福寿草の蕾がふくらむ頃、「関わってもらえないかな」と一本の電話が入る。ケアマネージャー様からの相談だった。

病院から自宅へ退院となったひとり暮らしの方のもとに伺う。温泉好きな和夫さんは、退職後大好きなお酒を道連れに、ご自分の車で自由に温泉巡りをされた。その後、ご病気の治療をされ支援の必要となられる。

週に2回のボランティア訪問は、何も言わずただお聴きする。一ヶ月ほど過ぎた頃、食欲がなく「次

「たんぽぽ」の仲間と

はいつ来るの？　カレンダーに書いてほしい」と気丈に一人で生きてこられた和夫様が頼って下さった。

桜満開の晴れの日、小さなビールを持って、「もうひとりの家族だから」とサプライズでお誕生日のお祝いに。やさしい笑顔でうつむきながら「嬉しいなあ。嬉しいわぁ」と久しぶりのビールを口にされ、初めて心に残る思い出の温泉のお話をして下さる。そのうち、「気持ちが良いから」と一日に何度も入られ、在宅医の先生の往診もお風呂の中。

やがて、訪問の時間に合わせてお風呂に入られるご様子で、上がれなくなった身体を委ねられる。旅立ちの3日前まで、大好きなお風呂を楽しまれた。

藤の花が香るやさしい季節。窓から柔らかな光が入る頃、「膝枕しましょうか」と声をかけると「うん」と頷かれる。ゆっくり時間が流れ冷たかった身体が温かくなる。

少し元気を取り戻され小さな声で「ファンタオレンジが飲みたい」「大きいのを」と浅い息で話される。

「待っててね。買ってくるから」

大急ぎで買い物してお部屋に戻ろうとすると、大きな虹の橋が屋根の上に。思わず手を合わせ、胸がいっぱいになる。お望みのファンタオレンジをごくごく音を立てて美味しそうに飲まれる。

その翌日、清らかな光に包まれるお部屋で、ファンタを少し口にされ、何度も繋いだ手を握りかえされる。看取りの作法で呼吸をあわせる優しい時間。じっと目を見つめてまた目をつむられる。大きく呼吸をされて穏やかな笑顔の旅立ちをされた。

僧侶様と手作りのお葬儀は、段ボールの祭壇。その時もまた、青空に小雨で、琵琶湖に大きな虹の橋が架かった。まるで旅立ちの喜びを伝えて下さるような、やさしい虹でした。

末期の水はファンタオレンジ。今日は、実は誕生日。もう一人の家族だから、そっと乾杯しましょう。

家に帰りたい1泊の奇跡

山茶花が赤い花をつける頃、入院中のお母様を家に帰してあげたいとのご相談。お孫様が「おばあちゃんは、本当は家に居たい。賑やかなのが好きだから賑やかにしてほしい。家の雑音が好きやから」と聞いておられた。

「大丈夫です。帰りましょう」

準備が整い、予定より早い退院となった。お母様はとても嬉しそうに目を輝かせて、お部屋を見まわし、自宅に帰った喜びを笑顔で表現された。何度も何度もお辞儀をしてお礼された。

車からベッドまでは息子様のお姫様抱っこで、お部屋には娘様やお孫様、ひ孫様。皆が集まり、今後の希望のお話をする時間は、まるで親戚が集まる結婚式の前夜のようだった。

4歳のひ孫様は、「おばあちゃん、マッサージしてあげる」とお布団をめくり、小さな手でおばあちゃんの足を包んでいる。10か月のひ孫様は、お布団の上でキャッキャッとはしゃぎ這い這いしている。

自宅に帰り安心されたのか、いつの間にか眠っておられた。その夜は、娘様とお孫様がご一緒に。その朝、お孫様に手を握られて穏やかに旅立たれた。

娘様は何度も「家に帰れてよかった。声を掛けたら起き上がってくるみたい。こんなに穏やかなんて」「お母さん、ありがとう」と、ずっと長い時間、お母様を抱かれ、肩や胸や頬にふれて「あったかい、本当にあったかい。首の後ろが一番あったかい」と暖房を消されても熱くて、お母様のお布団の中は、こたつのように温かく訪れる方を驚かせるほどだった。

家に帰りたい。家に帰らせてあげたい。その願いが叶えられた奇跡の一夜となった。

看取りが愛と知ったなら

ある施設で、ACPの講演でお話した後のことだった。普段寡黙な方がマイクを持って話された。それは、大切なパートナーとの突然の別れの悲しみだった。

看取りの時、受け渡される命のバトンのことや看取り直しが出来ることなどお伝えする。赤い目をして頷かれ、車椅子の肘掛からのばされた両手は、とても温かかった。

人の心は深いもの。長い間、一人で悲しみを背負っておられた事を知る。大切な命のバトンを受け取る幸せな看取りがあることを知って、心がほぐれてお話し下さったのでしょう。

看取りが愛にあふれていると知ったなら、多くの方の悲しみをきっと和らげることができる。それ程に、看取ること、命のバトンを繋ぐことは、生きる希望や支えになることをお伝えしたい。

旅立つ方の愛に包まれるとき、私たちは言葉を超えて、命の尊さや思いやり、慈しみや愛することを学ぶのです。

多死社会に向かう今こそ、目前の事はもちろんのこと、子供たちの未来にしっかりと命のバトンを繋ぎたい。その一役を看取り士としてお手伝いできれば幸せです。

たがトコラジオで「癒しの虹色カフェ」の仲間たち

看取りが愛と知ったとき
この星の
全ての命がかがやく

一枚の葉っぱの雫が
大地を潤すように
やさしく

その雫が大地から海へ
そうしてこの星が
愛に包まれますように

おわりに

本作の執筆を快諾してくださった看取り士の皆様。お一人お一人の魂の輝きがそこに見えるかの様に、皆様が書かれた文章は輝いて見えました。３００ページにも及ぶ原稿を一気に読み上げました。止めようの無い涙があふれ、感動で私の魂を震えさせました。

私の人生の転機となったマザーテレサのお言葉。
「愛こそ生きる意味」
先ずは自分自身の最期の場面が愛に溢れた旅立ちとするために死生観を広めていく必要があると気づきました。

その後、「人生のたとえ99％が不幸だとしても最期の1％が幸せならば、その人の人生は幸せなものに変わる」この言葉をマザーテレサが私にお伝えくださったのが35年前でした。

最期の時、全ての人が人生を肯定出来るように、良い人生だったと思えるようにと導かれていきました。

東京大学名誉教授、社会学者の上野千鶴子先生のアドバイスにより、日本看取り士会を設立したのが、２０１２年でした。

その理念は以下のように綴られています。

一般社団法人日本看取り士会　理念

日本看取り士会は、終末期の看取りを通して魂を磨こうとするものです。

人間の終末期において旅立つ方々と私達に言葉すら要りません。ただお互いに感謝を思うことのみがなすべきこととなります。旅立つ方々の魂は天と地（肉体）を行き来し、私達の魂すら導いて下さいます。

人間の終末期ほど、尊い時はありません。その時に添わせて戴く事こそ、私達の魂を清め高めます。マザーテレサのお言葉のように、一人一人の魂と接する機会が与えられているその時なのです。

終末期にある旅立つ方こそが師であり、そばにいる私達は学びの者です。美しい死の中にこそ真の生があります。

この理念の元に学んだ一人一人が、その愛を世界中に運び、愛ある世界の実現を目指して設立します。

この理念は「看取りの家」の設立趣意書のままです。看取りの家設立当初から変わらずに毎朝職員みんなで唱和しています。この文章もマザーテレサのお言葉です。

２０３０年１６０万人が1年間に旅立たれます。そしてその４割が独居。自宅死は30万人にのぼるとすでに発表されています。

そんな中で私が作り上げた看取り士と無償ボランティアエンゼルチームがこの国の未来の希望になる事を願うばかりです。

お一人お一人の命を丁寧に見送ることこそが、日本の未来、子供たちの未来を作ることと確信しています。

情熱あふれる看取り士と無償ボランティアエンゼルチームの皆様とともに、明日に向かって希望に燃えて進めることに深い感謝を込めてこの著書を書かせていただきました。

21人の看取り士を束ね、出版にこぎつけてくださったあうん社の平野社長の真心に手を合わせております。

私たちの夢は「全ての人が最期愛されていると感じて旅立てる社会創り」です。離島での看取りの家、創設から8年間共に暮らし看取りの活動をした松山みゆきさんが現在300年続く不徹寺の尼さんとなられました。長く探していた日本看取り士会のお墓を不徹寺に建立することを決めました。その墓石には「すべての尊い命やさしく、やさしく、やさしく」と刻みます。

ひたすらに平和を祈りながら。
どうぞこれからもよろしくお導き下さいませ。
皆様の真心に深い感謝と祈りを込めて

看取り士　柴田久美子

柴田　久美子（しばた　くみこ）
島根県出雲市生まれ
一般社団法人日本看取り士会 会長
株式会社日本看取り士会 代表取締役
『私は、看取り士。』『この国で死ぬということ』
『いのちの革命』（舩井勝仁氏との共著）など著書多数。
2021年6月　朝日新聞全国版「フロントランナー」掲載、
2022年7月　NHK「視点・論点」出演など報道履歴多数。
HP　http://mitorishi.jp/　http://mitorishihaken.jp/

手のひらの宇宙ＢＯＯＫｓ®第38号
看取りはいのり
私たちの夢の続き――

発行日　2023年9月1日　初版1刷

編　著　者　柴田久美子
発　行　人　平野　智照
発　行　所　㈲あうん社
〒669-4124 丹波市春日町野上野21
TEL（0795）70-3232　FAX70-3200
URL http://ahumsha.com
Email:ahum@peace.ocn.ne.jp

製作 ● ㈱丹波新聞社
装丁 ● クリエイティブ・コンセプト
印刷・製本所 ● ㈱遊文舎

ISBN978-4-908115-38-7　C0095
＊定価はカバーに表示しています。